ちくま新書

京都思想逍遥

小倉紀蔵
Ogura Kizo

1388

京都思想逍遥【目次】

【凡例】


ゴシック体になっている文字は書名、作品名などである。

引用文は太字にした。

近代以前の書物からの引用文は、原則的に旧かなづかい、新漢字で表記した。ただしルビは新かなづかいにした。

近代以後の書物からの引用文は、原則的に新かなづかい、新漢字で表記した。ただし、原文の雰囲気を残したいときは、旧かなづかいのままとした（伊東静雄の文など）。

逍遥のはじめに――京を歩くとは、祈ること

たとえば鴨川べりの六条から七条あたりを下《しも》に向かって歩いているとする。ふと左を見ると、目にはいってくるのは東山の峰々――と思いきや、だしぬけにそこに、めくるめくパノラマが立ち現われる。東南の方角に忽然と立ち現われたのは、清閑寺《せいかんじ》、今熊野《いまくまの》、稲荷山、藤の森、深草、木幡山、伏見、竹田、淀、鳥羽……。だが実は、それらの場所がここから肉眼で見えるわけはない。見えるのはせいぜい、清閑寺あたりの東山と、稲荷山くらいである。

肉眼では見えない藤の森、深草や伏見などが、なぜ眼前に立ち現われるように思えたのか。それは世阿弥の能「融《とおる》」において、源 融《みなもとのとおる》が幽霊となって昔の栄華をなつかしむ場面が、まさにいま、ここに、立ち現われたからなのだ。

「融」では、かつての邸宅、六条河原院《ろくじょうかわらのいん》があった場所で、シテの翁（融の亡霊）が東南の方角を眺めながら、名所を数え上げるのである。

シテ　語りも尽《つ》くさじ言の葉の、歌の中山清閑寺《せいがんじ》、今熊野《いまぐまの》とはあれぞかし。
ワキ　さてその末に続きたる里一村《さとひとむら》の森の木立。
シテ　それをしるべに御覧ぜよ、時雨もあへぬ秋なれば、紅葉も青き稲荷山。
ワキ　風も暮れ行く雲の端《は》の梢にしるき秋の色。
シテ　今こそ秋よ名にしおふ、春は花見し藤の森。
ワキ　緑の空も影深き野山に続く里はいかに。
シテ　あれこそ夕ざれは、
ワキ　野辺の秋風、
シテ　身にしみて、
ワキ　鶉啼《うずらな》くなる、
シテ　深草山よ。

源融の六条河原院がどこにあったかは特定されていないが、世阿弥がこの能をつくったときに、おおよそどのあたりからの眺めを想定していたのかは推測がつく。それはおそらく、いまの正面通《しょうめんどおり》から七条大橋あたりではなかったか。このあたりで鴨川は九条以北でも

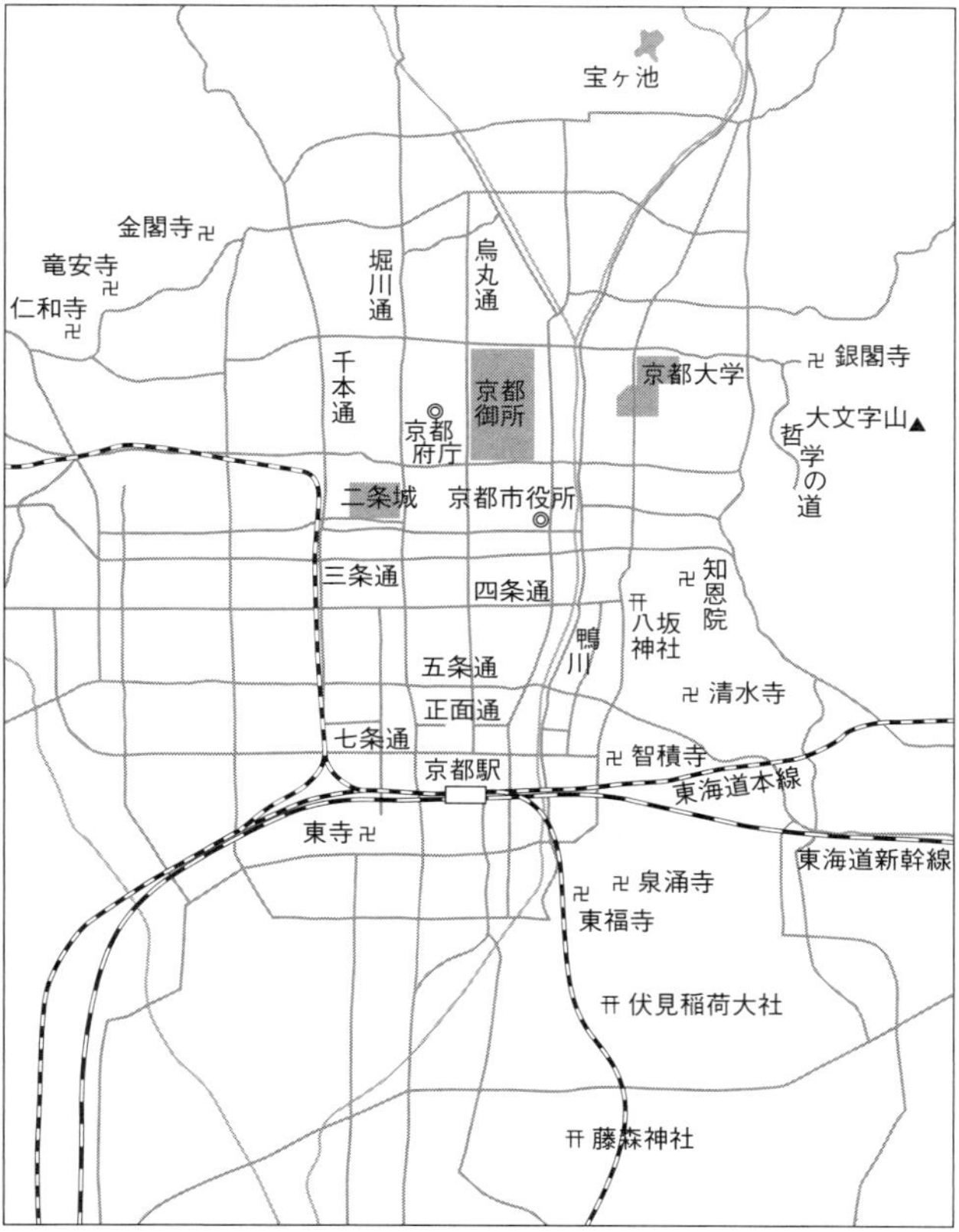
宝ヶ池
金閣寺
竜安寺
仁和寺
堀川通
烏丸通
千本通
京都御所
京都大学
銀閣寺
大文字山
哲学の道
京都府庁
二条城
京都市役所
三条通
四条通
知恩院
八坂神社
鴨川
五条通
清水寺
正面通
七条通
智積寺
京都駅
東海道本線
東寺
東海道新幹線
泉涌寺
東福寺
伏見稲荷大社
藤森神社

地図 1

っとも西に寄っており、右岸から東南を見ると眺望が開ける。だがそんな理由ではなく、わたしがそこを歩くときの感覚から、そう思えるのだ。

というのは、まさにこのあたりを歩くとき、わたしの身体に変化が起こり、突然目のまえに藤の森や深草や伏見あたりの景色が見えるような感じにとらわれるのだ。もちろんそれは単に感覚的なものにすぎず、なんら確証がない。ただそういう感じを得るという思いこみにすぎない。

だがこれこそ、わたしにとって、〈たましひ〉の立ち現われであると思える。この場合の〈たましひ〉とは、能「融」で翁によって語られた名所の知覚像群である。それが、正面通から七条大橋あたりを歩くときのわたしの身体にぶつかってくる感じがする。身体とクロスする感覚がある。

この感覚を理解していただくためには、もう少し、説明が必要だろう。

*

スコットランドの哲学者デイビッド・ヒューム（一七一一〜七六）は、「**わたしとは、知覚の束である**」といった。この場合の知覚とは、印象や感覚、情念から観念までを含んだ広い意味である。だが、わたしは、「わたしは知覚像の束である」といいたい。

「おいしそうな梨」とか「この歩道の危険さ」とか「憂鬱な夢」などという無数の知覚像の束そのものがわたしであり、わたしや他者やものにおいて、無数の知覚像がひしめきあっている。それは一種の闘争だ。たとえば目の前のこの器には、それを企画したひと、材料をつくったひと、材料を売ったひと、それを買ったひと、材料を使ってつくったひと、つくられたものを売ったひと、それを買ったひとなど、実に数多くの関与者の無数の知覚像が闘争しながらひしめきあっている。そのひしめきあいが、かろうじていま、たまたま、このようなかたちの器になってここにあるにすぎない。

この知覚像の闘争的なひしめきあい、そのはたらきを、わたしは〈たましひ〉と呼んでいる。そしてその〈たましひ〉に、なにか特別に生き生きした感じを受けながらそれに気づくとき、ひとはそれを〈いのち〉と呼ぶのだろう。

＊

あらゆる土地には、その土地の歴史にまつわるさまざまな知覚像が立ち現われる。特に京都のような土地には、千年以上にわたって立ち現われては消えていった無数の〈たましひ〉が、阿頼耶識《アーラヤしき》のように貯蔵されているはずだ。京極通を悠然と歩く哲学者・九鬼周造《くきしゅうぞう》の〈たましひ〉、今出川通を同志社大学に向かう朝鮮からの留学生・尹東柱《ユンドンジュ》の

〈たましひ〉、月光に照らされつつ深草に佇む道元の〈たましひ〉、太秦《うずまさ》の広隆寺に置かれた弥勒菩薩半跏《はんか》思惟《しゆい》像《ぞう》の〈たましひ〉、金閣寺を焼いて裏山に逃走する三島由紀夫の小説の主人公・溝口の〈たましひ〉……。

だから京都を移動することは、それらの〈たましひ〉を呼び出して交錯し交響できるかという冒険を、一刻一刻、しているということなのである。バスや自動車などで移動してもわからない。自分の身心で、一歩一歩嚙みしめるように移動する。

その際たとえば、古典から現代までの文学作品を読みこんで、その日本語の知覚像をよみがえらせながら京都を歩けば、生き生きとした〈いのち〉と遭遇する可能性は高まる。作品のなかの〈たましひ〉と、自己の身心とを混淆させることができれば、どんなに官能的な歩きになることだろう。

七条大橋をわたるとき、源融の栄華と無常感を、わたしのこころのなかに谺《こだま》させる。そのときわたしのこころはすでにわたしの内部にあるのではなく、まさに時空を超えて千年以上前の六条河原院にあるのだ。

それが能の世界でいう夢幻である。夢と現実が、こころという場で混淆する。この混淆を、祈りという。

わたしの祈りは、こころを空っぽにはしない。つまり、瞑想しない。

死んだ者たちの〈たましひ〉、生きている者たちの〈たましひ〉、これから生きるだろう者たちの〈たましひ〉を、よみがえらすことが、祈りである。夢とうつつを混淆させることである。夢幻であり、夢現である。

＊

そしてそれが、学問にも通ずる。すべての祈りは、学問に通じていなくてはならない。なぜか。

祈るときに、できるだけ正確な知識が必要だからだ。間違った知識にのっとって祈ることは、間違った世界を構築することになる。

たとえば、源融の六条河原院はいまから千百年以上前に、実際、どこにあったのか。そのことを実証的に、正確に、特定することが歴史学という学問には要求される。たとえばそれがいまの河原町六条あたりにあったとする。しかし世阿弥が約六百年前に能「融」をつくったとき、シテの翁の視座をいまの正面通（六条と七条のあいだ）あたりに置いていたとする。そしてわたしがいま七条大橋をわたるとき、源融の〈たましひ〉と交響するとする。となれば、六条河原院は、史実と芸術作品と現在の体験とが、すべて異なる場所で立ち現われていることになる。この場合、祈りは正確でなくなる。

だから厳密な学問が必要なのである。わたしたちの祈りは、実に頻繁に、正確でない対象に向かって行われている。

＊

現代の世界では、もっとも強力な歪みのひとつは、ナショナルな枠組みによってもたらされている。

たとえば従軍慰安婦の問題を考えてみよう。一方で「日本軍が二十万人の朝鮮少女を奴隷狩りのように強制連行した」という認識がある。他方で「慰安婦とは売春婦にすぎない」という認識がある。わたしには、いずれもがナショナリズムという歪みの装置によって、強引に固められた認識であるとしか見えない。

しかしその誤った認識にもとづいて、たとえば韓国で、慰安婦たちに対する祈りが行われているとしよう。その祈りは真摯《しんし》である。帝国主義と戦争の暴力によってずたずたにされた女性たちの痛みを、いまの自分たちの身心において追体験しようという行為は、あきらかに祈りである。しかしその祈りは、ナショナルな枠組みによって強引に構築された認識にもとづいているかもしれない。そのときその祈りを、正しいものといえるだろうか。

厳密な学問が必要なのは、このためだ。学問は、祈りに通ずるからである。

他者や他物の知覚像を、わたしという身心において、できるだけ複雑に交錯させること。それがわたしにとっての祈りである。京都という地を歩くことは、だからわたしにとって、祈ることと同義なのである。

序　章

京都とは——逍遥の準備

鈴木大拙

1　悲哀する京都

†悲哀のみやこ

京都という都市を、「悲哀するひとびとの記憶の集積したまち」としてとらえてみよう。千二百年以上の時間の堆積のなかで、どれだけたくさんの悲哀が、このまちで繰りひろげられたか。それを思えば、気が遠くなりかける。

坂上田村麻呂《さかのうえのたむらまろ》に東北から平安京に連れてこられ、河内国で殺された蝦夷《えみし》の阿弖流為《アテルイ》と母礼《モレ》。源氏と平氏の激烈な角逐の悲史。三条河原で処刑された豊臣秀次《とよとみひでつぐ》の家族たち。六条河原で殉教したキリシタンたち。天皇から最底辺の民衆まで、悲哀する人間たちの絢爛たる絵模様が、このまちにはある。

現実の人物だけが悲哀するのではない。京都の文化の特色として、王朝時代以降のあまたのフィクションの記憶もまた、このまちをかたちづくっている。悲恋、悲話、悲歌、悲劇の数々である。

たとえば『**源氏物語**』の冒頭は、光源氏《ひかるげんじ》の母である桐壺更衣《きりつぼのこうい》が、宮中のほかの女たち

（女御《にょうご》や更衣）から激烈なねたみとそねみとうらみを受けるシーンから始まる。宮中の女たちは桐壺更衣に、実にひどい仕打ちを繰り返す。桐壺更衣はついに病に倒れ、宮中から退出することを願い出るが、彼女に執着する帝はそれをなかなか許さない。彼女の病は嵩《こう》じて、ついに退出することになるが、時すでに遅しで、自分と他人の境界すらわからない精神状態に陥ってしまい、そのまま死ぬ。いまでもわたしは上京あたりを歩くと、この桐壺更衣の悲哀が、まちを吹く風のなかにかそけく混じっているような気配を感じる。

†悲哀とは、生のかがやき

悲哀とは、名詞であるだけではない。「悲哀する」という動詞でもある。そして「悲哀する」とは、単に「悲しむ」こととは、異なる。むしろ、単なる「悲しみ」に抗するという意味でもある。なぜなら悲哀するとは、生命することと同義だと考えられるから。生命することは悲しいことではない。だから悲哀することは、悲しむことそのものではない。生を、その極限まで生ききることである。その一瞬の極限に、生の絶頂をかがやかすことなのである。そのはかなさを生ききることが、悲哀することなのだ。

たとえば藤原定家《ふじわらのていか》二十六歳のときの歌、

菊かれて飛びかふ蝶の見えぬ哉さきちる花やいのちなりけん

などは、悲哀する詩歌の絶頂のひとつといえるだろう。〈いのち〉がここではかがやきっている。その一瞬のかがやきそのものが、天才的な表現を得て永遠の力を発している。うつくしく悲哀する歌が、京の大空を駆け巡る。

哲学者の西田幾多郎《にしだきたろう》は、哲学の動機は「深い人生の悲哀でなくてはならない」といった(「場所の自己限定としての意識作用」一九三〇)。この言葉を噛みしめながら、わたしたちは古典から現代までのさまざまな文献を読み、「悲哀する京都」の諸相を解明してみよう。文献を読むだけでなく、京都市内のフィールドを逍遥しつつ、「悲哀する現場」をからだで感じてみよう。いっしょに歩こう。いっしょに悲哀しよう。平安時代の、室町時代の、江戸時代の、平成時代の無数の生のきらめきを、いっしょに追体験しよう。それこそが、「悲哀する京都」を歩く醍醐味なのである。

京を歩くとは、京を悲哀することなり。

2　京都、歴史の破砕

†京都を歩くとは、歴史に抗うこと

京都を歩くとは、どういうことなのだろうか。

それは、歴史を破砕することなのである。

わたしたちが無意識のうちに服従してしまっている、この、だれがつくったかもわからない、不気味で抑圧的な「歴史」というものに、抗《あらが》うことなのだ。

つまり、多くのひとが考えているのとは違って、京都とは、反歴史的な町なのである。歴史を壊そうという無数の無秩序な意志が、不埒《ふらち》に跳梁《ちょうりょう》している。ニーチェ的だ。因果関係を否定し、権力への意志の闘争として世界はある、と考えるニーチェ。彼のように「反歴史」を生きることが、京都を生きることである。

それでは、「歴史を破砕する」とは、いったいどういうことなのか。

†破砕するパサージュ

たとえば、紫式部《むらさきしきぶ》（九七〇頃～一〇一九頃）の家があったといわれる場所は、御苑の東側、いまの廬山寺《ろざんじ》である。河原町通の、今出川通と丸太町通のちょうどまんなかあたりの西側にあたる。ただしいまの廬山寺は、天正年間に豊臣秀吉が移転を命じたあと、北山からここに移ってきたのであって、紫式部が廬山寺にいたわけではない。彼女の邸宅があった場所に、天正年間以後、いまの廬山寺があるわけである。

神宮丸太町の駅から歩くことにしよう（一二七頁、地図4参照）。駅を降りて川端通を北に歩き、しばらくすると鴨川に荒神橋《こうじんばし》がかかっている。出町柳駅と神宮丸太町駅のまんなかあたりだ。これを渡って鴨川の西岸に渡る。

河原町通に出て北に少し上がると、左側つまり西側に、廬山寺がある。およそ西暦一〇〇〇年頃に、この場所に紫式部が暮らしていたのである。

このすぐ東には、京都府立医科大学附属病院がある。

日米開戦の報を載せた新聞を持って、京都府立病院に入院中の西田幾多郎（一八七〇〜一九四五）を弟子の相原信作が見舞ったのが、一九四一年十二月八日のことだった。

廬山寺から南に歩く。荒神橋に戻る。

一九二三年には、中学生の中原中也《ちゅうや》（一九〇七〜三七）が、ここにいた。山口中学から立命館中学に転校したのである。東三本木の遊郭だった場所に近いこの界隈を逍遥していたとき、彼は丸太町橋際の本屋で、『**ダダイスト新吉の詩**』に出会い、そのアナーキーな詩世界に魅了される。やがて彼は、女優の長谷川泰子と同棲する。後年、「**汚《はぐ》れつちまつた悲しみは／倦怠《けだい》のうちに死を夢む**」と歌った彼の劇烈な詩精神は、ここで育まれた。

かつてここにあった立命館大学には、一九六九年、高野悦子《たかのえつこ》（一九四九〜六九）が通っていた。『二十歳の原点』を残した彼女は、文学部の学生だった。彼女は荒神橋から河原町通に抜ける道のかたわらにあったジャズ喫茶「しあんくれーる」によく通った。そして一九六九年、二十歳のとき、国鉄山陰線の貨物列車に身を投げて自死した。

またここからは、ジュリーつまり沢田研二《さわだけんじ》（一九四八〜）が通った名門の鴨沂《おうき》高校も近かった。かれは一九六四年に鴨沂高校に入学したが中退、一九六七年にグループサウンズ「ザ・タイガース」のボーカルとしてデビューする。荒神橋西側のここは、一九七〇年代までは、まさに青春のエネルギーと悲哀の渦巻く場所であったのだ。在日韓国人の早逝した作家・李良枝《イヤンジ》（一九五五〜九二）も、七〇年代にこの高校に通った。

しかし高野悦子の通った立命館大学の文学部は一九七八年、金閣寺・竜安寺《りょうあんじ》・仁和寺《にんなじ》の近くにある衣笠キャンパスに移転してしまい、一九八一年にはすべての学部の移転が完了し、荒神橋近くの広小路キャンパスは消滅した。そのかわり、大手不動産会社の超高級マンションが建っている。このマンションから南側のほど近い場所に、江戸時代の歴史家・頼山陽《らいさんよう》（一七八〇〜一八三二）が「山紫水明処」と名づけた彼の書斎がある。ここから鴨川をはさんで東山を臨む絶景を形容した語だ。当代の名にし負う文人墨客たちが、ここに集った。しかしこの「山紫水明」の四文字も、現代においては、不動産会社が高級マンションを販売する際の広告コピーの言葉となってしまった。文化とは、ほっておけばあっという間に陳腐化するものである。諸行無常のひびきあり。

紫式部と西田幾多郎と中原中也と立命館と高野悦子と鴨沂高校と沢田研二と李良枝と頼山陽と高級マンションと。なんの脈絡も文脈もない、歴史の無秩序である。そのなかを、歩く。

「諸行無常」とは、力を持った者が強引につくろうとする虚構の「歴史秩序」が、世界のすべての無秩序な意志の闘争によってうつくしく破砕されて乱れ散る様相を語っている。京都は、その破砕の残骸を無防備にさらけだしているまちである。

整序がない。断片である。ベンヤミン式にいうなら、パサージュ（街路、通路、通過、断章）である。ただし京都のパサージュは、単に通過するための街路ではない。通過するだけではなく、破砕するのである。歩くことが、破砕なのだ。

だから京都を逍遥するとは、歴史の諸行無常という悲哀を追体験しながら、権力者がつくりあげる秩序正しい「歴史」に抗うことなのです。

3　京都、言の葉の乱れ散る

†言の葉の飛び交う

ああ、きょうは、言葉が飛んでる。

そんな感じのする日がある。

道を歩いていて、言の葉がひとひら、ふたひら、舞っている。そのことにふと気づくが、そのままほうっていると、いつのまにか桜吹雪のようにたくさんの言の葉がどこからともなく飛んできてしまって、わたしのまわりを回転しながら舞っている。

京都は千二百年以上の歴史のあいだに、無数の言葉を生んだまちだ。「**春はあけぼの**」「**ゆく河のながれは絶えずして**」「**あやしうこそ物狂ほしけれ**」「**秘すれば花**」――言葉、言葉、言葉、名にし負う言葉たちのみやこである。

感覚が鈍っているときには、京の道を歩いていても、言葉が舞わない。まちは無言の仏頂面を決めこんでいる。わたしも言葉なんてやつは相手にせず、ただ道を歩く。

だが、感覚が鋭敏になっているときは、あぶない。「来る!」と思うひまなく、最初の言の葉が一枚、ひらりと飛んでくる。

「**年も経ぬ**」

来た。藤原定家か。面倒なので無視をする。いま、おれは急いでいるんだ、定家さん。

「いのる」

と男がつづける。うるさい。定家さんしつこい。こういうときは、あくまでも無視することが肝要だ。

だが次の瞬間わたしは思わず不覚にも、

「ちぎりは」

とこころのなかで返してしまっている。しまった。はまった。

「はつせ山」

とすかさず定家。すでに彼のペースだ。相手のこころの隙をとらえるのがうまい。わたしは必死にこころを空《から》にしようとする。ニヒリズムである。だがニヒリズムはそれを意志すると、悲しいかな、立ち現われてこない。逆にますます、定家に巻き込まれてしまうのだ。

「尾上《おのえ》の鐘《かね》の」

これはどうしたことか。こんどはわたしが声を出して発話してしまっているではないか。かなり大きな声だ。自分で驚く。こんなはずではなかった。

混雑した土曜の四条通で、ひとびとがわたしを振り返ってなにかささやきあっている。

「なに?」「おめえのカネ?」

最後はもう、定家とわたしが声を合わせてしまっている。わたしはむしろ、朗々たる調子だ。もはや周囲など、関係ない。

「よその〜♪　夕暮れ〜♪」

近くでショッピングの女たちが、変なひとを見るような目つきをしてわたしを見、声をひそめる。「夕暮れやて」「まだ二時やし」「ややわあ、あーゆーヒト」「おお、こわ。はよ行こ」

年も経ぬいのるちぎりははつせ山尾上の鐘のよその夕暮れ　藤原定家

†言の葉アナーキー

言葉は言の葉だ。それは文字通り、木の葉のように空中を舞うのである、このまちでは。道元が歌う。

春風に我《わが》ことの葉のちりけるを花の歌とや人の見るらん

ある外国人がいった。「日本語では言葉を言の葉という。この葉はもともと端という意味だ。日本人は言葉を大切にしないから、言葉のことを、こと（事）の端、と名づけた。ほかの民族にとって、言葉というのはもっとも大切なものだ。言葉が真実（まこと）をあらわすと考える。だが日本人は言葉を大切に思っていないので、事実のはしっこ、と呼ぶのだ」。

それは違う。むしろわたしからすれば、事実をすべて言葉であらわすことができるという世界観のほうが、うそのように思える。「こと」の内容と意味は海のように広く、深い。たった数十の音節の組み合わせで、その広く深い「こと」をすべて表現することはできない。その強い思いが、「ことのは」という言葉には宿っているにちがいない。ひとが表現できることなどは、「こと」のほんの一部にしかすぎない、ということを「ことのは」は自己言及的に語っている。

長月の紅葉のうへに雪ふりぬ見る人誰《たれ》かことの葉のなき　道元禅師

紅葉のうえに雪が降る。その姿を見てだれが、言葉を発しないであろう。感嘆詞や形容詞のふたつ、みっつは、だれでも発するだろう。しかし、それは文字通り、「長月（陰暦九月）のいま、ここで、紅葉のうえに雪が降っている」という事態（こと）のほんのひとかけらを、少ない音節で表現してみたにすぎない。「事態の破片＝事の端＝ことのは」にすぎないのである。

いひ捨《すて》しその言の葉の外なれば筆にも跡をとどめざりけり　　道元禅師

わたしたちの生は、事態（そこに起こること）のフラグメントの雑然たる集合態を生成することである。

だから言の葉はいつも、乱れ散っている。まとまった論理的脈絡を逸脱して、ちぎれた言の葉が無秩序に舞っている。

「**よその夕暮れ**」（藤原定家）と「**絶対矛盾的自己同一**」（西田幾多郎）と「**生きようと、私は思った**」（三島由紀夫）と「**雪もちらつくし子も泣くし**」（「**竹田の子守唄**」）と「**古義**」（伊藤仁斎）と「**いはんや悪人をや**」（親鸞）と「**ねがはくは花の下にて春死なむ**」（西行）と「**オラは死んじまっただ**」（ザ・フォーク・クルセダーズ）とが千々に乱れて騒然と飛び交い、四条通のわたしを翻弄する。まるで大型で非常に強い勢力の台風の、秒速五十メートルの風に吹かれているようなものだ。そこにあるのは速度ではなく、加速度である。

京都を歩くということは、乱舞する一千数百年の言の葉の群れにおのれの身心をさらして、さらしまくって、それらのばらばらな世界観に身もこころも引きちぎられるような思いで、それでも正気を保つために言の葉の吹雪を払いつつ払いつつ、一歩一歩進むことなのである。

アナーキーです。

4　夢とうつつを生きる

†伏して恋い、起きても惑う京都

京都に暮らすということは、夢とうつつが卍巴に入り乱れる花あらしのなかを、手さぐりで潜水するようなものだ。

命にもまさりて惜しくある物は見はてぬ夢のさむるなりけり　壬生忠岑
夢とこそいふべかりけれ世の中にうつつある物と思ひけるかな　紀貫之
ふしてこひ起きてもまどふ春の夢いつか思《おもい》の覚めむとすらむ　藤原定家

ひとびとのこころは、伏して恋い、起きて惑いながら、夢とうつつの〈あいだ〉をさまよって、なにが夢でなにがうつつかあきらかにはわからない。夢とうつつの区別がつかない生を生きるということそのものが、人生なのであり、悲哀することなのである、このみやこでは。

わからないなかでひとびとは生を営んでいるのだから、京都の現実の〈もの〉もまた、うつつの意識でつくられたものなのか、夢の無意識でつくられたものなのか、はたまたうつつの無意識でつくられたものなのか、夢の意識でつくられたものなのか、わからないものが多い。

道を歩いていると、知り合いの男性が、お地蔵さんの掃除をしている。京都の路地ではきわめて日常的な光景だ。真夏も真冬も、この光景から、京都の朝は始まる。

しかしこの男性が水で清めているのは、お地蔵さんではなかった。「お地蔵さんやないんですね」「お姫さんですわ」「お姫さん?」「ユウガオヒメの関係者のお墓らしいですわ」「ユウガオヒメ?」「そう、『**源氏物語**』の夕顔さん」「夕顔の?」「夕顔姫さんのお墓は別のところにあるんやそうやけど、ここはそれになにか関係するひとのお墓やそうですわ」。

見ると、木でこしらえた枠のなかに、石づくりの五輪の塔が収められている。その下には、夕顔の花のレリーフが彫られてある。

男性はいう。「もともとは渉成園のほう、うちの裏のほうにあったんやけど、うちを建て替えるときに、裏のほうから通りに面したここに移したんですわ」。

たしかに『**源氏物語**』によれば夕顔は、光源氏が「六条わたり」に住む女のところに通う途中で出会ったとあるので、このあたりに暮らしていたとしてもさほどおかしくない。実際、「夕顔の墓」が五条近くにある。しかし、そうはいっても、彼女はあくまでも物語のなかの架空の女性であるはずだ。だから、ほんとうの墓があるというのはおかしいはずなのだが、このあたりのひとびとにとっては、「夕顔は架空」という認識はない。地蔵盆には、お坊さんがこの五輪の塔のまえでお経をあげていた。男性が毎年、供養をしているのだそうだ。すべて、母親からいわれたとおりにしているという。

†夢幻を生きる

これが京都なのだろう。現実と物語の虚構とが入り混じって、もうひとつの現実をつくりあげている。ひとびとはどこまでが現実でどこからが虚構か、という区別におどろくほど無頓着である。物語や歌の世界（夢と幻の世界）が染み込んでいない世界などは、現実でも日常でもないとさえ思っているふしがある。

夢の世に月日はかなく明け暮れてまたは得がたき身をいかにせむ　藤原良経

だからいまでも毎日、「夕顔姫の関係者」を供養してお祈りを捧げている。なぜなのか？　男性にもわからないであろう。親がやっていたとおりにやっており、それは将来もずっと続かなければならないとなみなのである。なぜならそこに「夕顔姫とその関係者」がいはるからである。

まさに能「半蔀《はじとみ》」のなかで、夕顔の亡霊が雲林院の僧のまえに現われて、夢幻のごとく振る舞い、そして朝になるとともに消えてゆく、その能そのものが、京のまちでは日常としておこなわれているのだといってよい。世阿弥のいわゆる夢幻能は、京都がつくったフィクションなのではなく、京都の生そのものを描写したノンフィクションなのである。

京都に暮らすというのは、そういうことなのだろう。東京に暮らすということとの決定的なちがいが、ここにある。表面的な現実、数字によって把握される現実、データやエビデンスの世界、想像力の最小限化の世界――東京の生はそういう性質を持っている。そして日本全国をその性質で埋め尽くそうとしている。だが東京の生命観を無化しうる対極が、京都にはあるのです。

5　京都に霊性はないのか

†鈴木大拙と京都

京都とはなにか。

この問いに答えるとき、だれもがどうしても避けて通れない関門がある。

それが、鈴木《すずき》大拙《だいせつ》（一八七〇～一九六六）だ。

鈴木大拙は金沢生まれ。日本の禅を「Zen」として世界にひろめた超弩級の仏教学者である。一八九七（明治三十）年に渡米。一九〇九（明治四十二）年に日本に帰国する。日本に戻ると学習院および東京帝国大学の英語講師となり、翌一九一〇（明治四十三）年には学習院教授になる。だが一九二一（大正十）年に学習院教授を辞め、京都に移って真宗大谷大学教授となる。京都生活の最初の数年は、東福寺の塔頭に住んだ。一九二七年に、大谷大学の西隣に邸宅を建てて、そこに住む。

真宗大谷派の大谷《おおたに》大学は、出町柳から賀茂川の上流に向かって少し北に行ったところにある。清澤満之《きよざわまんし》、鈴木大拙、和辻哲郎《わつじてつろう》、戸坂潤《とさかじゅん》など綺羅星のような学者たちがかつて、この大学で教えた。

大拙はこの大谷大学の教授になると、妻のベアトリスとともに東方仏教徒協会を設立し、英文ジャーナル『**イースタン・ブディスト**』を刊行するなど、獅子奮迅の活躍をする。

大拙が日本を代表する世界的仏教学者であるのは間違いない。かれの哲学の基本はもちろん、禅と浄土真宗であり、このふたつの霊性をほぼ同一視するような、独特の思想を展開した。

その結晶のひとつが、『**日本的霊性**』（初版は一九四四年十二月、大東出版社。現在は岩波文庫、一九七二、などで読める）である。この本で大拙が語っていることが、実は、わたしが本書を書こうと思った動機と密接に関係している。

†「日本的霊性」とは

この名著の内容をごく簡略に要約すると、以下のとおりになる。

霊性とはなにか。それは精神の奥に潜在しているはたらきである。精神はその本体（霊性）のうえにおいて感覚し思惟し意志し行為する。また、霊性は、感性・情性・意欲・知性という四種の心的作用だけでは説明できぬはたらきにつける名でもある。水の冷たさや花の紅さを、その真実性において感受させるはたらきである。

霊性は大地に深く根を下ろしている。大地の底は、自分の存在の底なのであり、大地は自分である。大地の霊とは、霊の生命のことだ。この生命は、必ず個体を根拠として生成する。個体は大地の連続である。個体の奥には、大地の霊が呼吸している。そして霊性は、否定を経なければ現われない、と大拙はいう。

万葉時代は原始的で、純朴な自然生活をいとなんだ時代であって、この時代に宗教意識はない、というのが大拙の考えだ。宗教や霊性には否定が必要だが、万葉人にはそれがないからだ。

平安時代は感性と情性の時代である。優美・感傷・遊戯・退廃がその特徴だ。平安貴族の世界観である「物のあはれ」は否定を経験していないので、霊性ではない。彼らは大地から離れている。つまり「大地性」がない。だから霊性がわからないと大拙はいう。

鎌倉時代（大地性の時代）になって、日本的霊性および宗教は十全に現われたとする。禅と浄土真宗によって、である。

日本には日本的霊性がまずあったのであって、仏教によって鎌倉時代に日本的霊性がつくられたのではない。日本的霊性はもともとあったのだが、平安時代まではそれが表に現われなかった。鎌倉時代に、武士と民衆の大地性が仏教と結びつくことによって、日本的霊性が現われた。

神道は情性的である。平安時代までの仏教も霊性ではない。鎌倉仏教こそが霊性なのだ。日本的霊性（特に親鸞において現われる）は、個己のものではない。超個己のものである。しかしそこにとどまらない。結局は「一人《いちにん》」という個己に戻ってくる。

霊性的直覚は、最も個己的である。それは一人《いちにん》の直覚である。周辺のない円環の中に、中心のない中心を占めていることの自覚である。これが親鸞の日本的霊性によって表現されると、「**弥陀《みだ》の本願はただ親鸞一人がためなりけり**」となる。

以上が、『**日本的霊性**』の要点である。このあとに大拙は、「妙好人《みようこうにん》」という浄土真宗の霊性的な信仰者をとりあげ、これこそ日本的霊性の完全なる体現者であるとする。

†京都の文化を批判する

大拙のこの霊性観においてきわめてはっきりしているのが、平安文化・京都文化・貴族文化に対する極度に低い評価である。

物のあわれでは、まだ感情の世界にうろうろしているものと見なければならぬ。そこには霊性の動きが認められぬ。自己というものの源底を尽くしていない。いわばまだ病気にかかっていない、自己否定の経験がない。（中略）宗教意識は、ここ（自己否定の経験——小倉注）で初めて息吹し始めるのである。業の重さはここまで来ないと感ぜられない。素朴な原始的生活を送っている限り、人間は嬰孩性《えいがい》を出ない。神ながらの世界は、ひとたび反省せられなければならぬ。この反省・病気・否定・経験を通過して後の生活は、もはや原始性および嬰孩性というものの範疇には入れられぬ。ここで感ずる物のあわれは、平安時代の歌人が感じたものよりも徹底している。物そのものの真実底に触れている。平安時代の歌人は、まだ燈影裏にゆくものである。

京都には、仏教はあったが日本的霊性の経験はなかったのである。（『**日本的霊性**』）

このように大拙は「日本的霊性」を語る際に、平安時代の女性的かつ貴族的で大地から遊離した生を、「霊性とは無縁」だとして切り捨てる。それはいまだに感性的・情性的な生の段階にすぎないとするのだ。

大拙は、法然・親鸞（彼はこのふたりを同一人格と見る）にこそ日本で最初の真の霊性が発現したと考えるので、すべてをそこから出発して語る。だからどうしても、**万葉**や**古今**や**源氏**の世界は、「いまだ霊性のレベルに到達していないこころの動き」である、という一種の発展段階説を唱えざるをえない。

だが、霊性というのはそのようにこころが発展した末に到達するものなのだろうか。大拙は直線的な時間観を低レベルなものとし、霊性的時間は中心のない円環運動であるというが、その霊性を説明する論理的枠組み自体が、逆に直線的すぎるのではないだろうか。

むしろわたしは、霊性とは歴史の流れに沿って低い段階から高い段階に発展するのではなく、歴史的な環境によって、それぞれの時代、それぞれの地域において異なる現われ方をするのだと考えたい。

†大拙の霊性と〈第三のいのち〉

二〇一八年の晩夏に、わたしは、北鎌倉の松ヶ岡文庫で講演をする機会を得た。松ヶ岡文庫は鈴木大拙の旧宅であり、現在も彼の書斎や道具、蔵書などが生前そのままの姿で保存されてある。わたしは大拙のすわっていた椅子、机などを思わず撫でまわした。大拙とベアトリスの膨大な蔵書も見せていただいた。大拙が使っていた七十年前の米国製冷蔵庫が見える小部屋で、夏の終わりのかそけき風に吹かれながら食事をした。至福の時間であった。

わたしとしては、大拙の本拠地で話をするのだから、どうしてもこのポレミークな「日本的霊性」と対決せざるをえなかった。なぜ大拙は鎌倉を高く評価し、京都（現在の京都ではなく平安時代の京都）を極度に低く評価するのか。その評価は正しいのか。講演のタイトルを「「日本的霊性」とあたらしい生命感覚」とした。

わたしが語ったことはこうだ。

わたしたちはみな、生命を生きている。これは肉体的生命である。つまり、まさにわたしたちのこの肉体に宿っているとされる生命だ（どのように宿っているのかは不明だが）。これを生物学的生命、個別的生命、物質的生命、あるいは「ひとつひとつのいのち」、「このもののいのち」、「それ自体のいのち」といってもいいだろう。これをわたしは、〈第一のいのち〉と名づける。

だが、この肉体的な〈第一のいのち〉ははかなく、すぐに滅びてしまう。人間はその古い祖先の時代から、生命のあまりのもろさに驚き、悲しんだことだろう。あるいは諦念を抱いたり悶え苦しんだだろう。そのことと、人間が「普遍」という概念を発見したこととが交錯して、やがて肉体的な生命とは異なる種類の生命が発見される。それは、「永遠に生きる生命」だ。キリスト教の「霊のいのち」や、道家思想における無為自然の「道」や「気」などは、典型的な「永生する普遍的な生命」である。

このタイプの生命をわたしは、〈第二のいのち〉と名づける。これを集合的生命、絶対的生命、宗教的（精神）的生命、普遍的生命、非物質的生命などといってもいいし、また「すべてのいのち」、「のりこえるいのち」といってもいいだろう。個別的・有限な〈第一のいのち〉をのりこえるのである。

だが、わたしは、これら〈第一のいのち〉〈第二のいのち〉とは違う、別のタイプの生命があると考えている。それは、「ふと立ち現われる〈いのち〉」である。

ひととひとの〈あいだ〉、ひとともののの〈あいだ〉に、偶発的に立ち現われる〈いのち〉というものがある。人間はそれを、「美」だとか「花」（世阿弥）だとか「もののあはれ」（本居宣長）だとか「アウラ」（ベンヤミン）だとか「痙攣《けいれん》」（アンドレ・ブルトン）などと多様に称してきたのだが、実はそれらは〈いのち〉だったのではないか。ただそれらは、肉体的な生命とは似ても似つかぬものだから、生命とは別の言葉で表現されてきただけではないか。しかしわたしたちは時折、「あっ、この絵にはいのちがある」などと不用意に発話してしまうことがある。その不用意な言葉はしかし、譬喩《ひゆ》なのではなく、ほんとうの、別の〈いのち〉を正確に語ったのだと考えてよいのではないか。そしてこれは、肉体的な〈第一のいのち〉でも霊的な〈第二のいのち〉でもないのだから、〈第三のいのち〉と命名してもよいのではないだろうか。

〈第三のいのち〉は、わたしと他者との〈あいだ〉、わたしとものとの〈あいだ〉に立ち現われる。つまり間主観的生命、偶発的生命、美的生命、〈あいだ〉的生命であり、別の言葉でいえば「あわいの〈いのち〉」、「立ち現われる〈いのち〉」なのである。

ここで整理してみると、次のようになる。

〈第一のいのち〉＝生物学的生命、肉体的生命
〈第二のいのち〉＝霊的生命、普遍的生命
〈第三のいのち〉＝偶発的生命、間主観的生命

このように考えると、大拙の霊性とは、典型的な〈第二のいのち〉のように思える。普遍的で霊的だからだ。そして彼の否定した平安時代の「もののあはれ」は、典型的な〈第三のいのち〉だ。肉体的でも霊的でもなく、偶発的で〈あいだ〉的だからだ。大拙は大地という普遍性から湧き上がる鎌倉時代の〈第二のいのち〉を称揚し、大地から切り離された繊細な平安時代の〈第三のいのち〉を否定したように見える。

だが、四年ほど前にわたしに、「そうではない」と指摘してくれたひとがいる。京都学派や鈴木大拙そしてハイデガーの哲学を研究し、同時に自分でも禅をやられる森哲郎氏（京都産業大学教授）である。彼はわたしに、「大拙の霊性というのは、単に普遍的でスピ

リチュアルなものなのではなく、大地からまさにあなたのいう〈第三のいのち〉が力強く立ち現われてくることなのだ」と語った。そしてそのような発想で『日本的霊性』を読み返すと、たしかにそのとおりなのだった。浄土真宗を語る大拙の言葉を聞くべし。

因果を超越し業報《ごうほう》に束縛せられず、すべてそんなものをそっちのけで、働きかけてくる無礙《むげ》の慈悲の光の中に、この身をなげ入れるということが真宗の信仰生活であると、自分は信ずる。此の土の延長である浄土往生は、あってもよしなくてもよい。光りの中に包まれているという自覚があれば、それで足りるのである。念仏はこの〔霊性的——小倉注〕自覚から出るのである。念仏から自覚が出ると言うのは、逆である。

この迫力はなんだ。この迫力は、単に「念仏をとなえていれば、その念仏は普遍的なものなのだから、必ず往生を遂げるのだ」という弛緩しきった霊性ではない。偶発性にすべてを賭して、おのれのこの身ひとつで〈第三のいのち〉を炸裂させようという自覚である。こうしてわたしは、大拙のいう「霊性」という言葉に、近づくことができた感じがしている。そう考えると、この偶発的な〈第三のいのち〉が、京都にもそここに立ち現われていたかもしれない痕跡を、探す必要があるだろう。

わたしとしては、京都というこの場所で、大拙のいう「日本的霊性」が、わたしのいう〈第三のいのち〉のかたちをとって炸裂する／炸裂した「現場」を、とらえたい。そのために、逍遥するのである。

6　創造性臨界ラインを歩く

†「創造性臨界ライン」とは

さて、それでは具体的に、京都のどこを歩くのか。すべてをくまなく歩いてみたい。当然、そう思う。だがまず本書では、歩く場所を限定してみよう。

地図を見ていただきたい。

京都のまちを、御苑のあたりで東西に二分してみる。すると、その東半分の北端に近いところに位置するのが吉田・田中である。ここでは二十世紀に、西田幾多郎が哲学をした。そして同じく東半分の南端に近い場所に位置するのが深草。ここでは十三世紀に道元が哲学をした。日本を代表する独創的な硬質の哲学の第一級品を、このふたりは彫琢したのだ

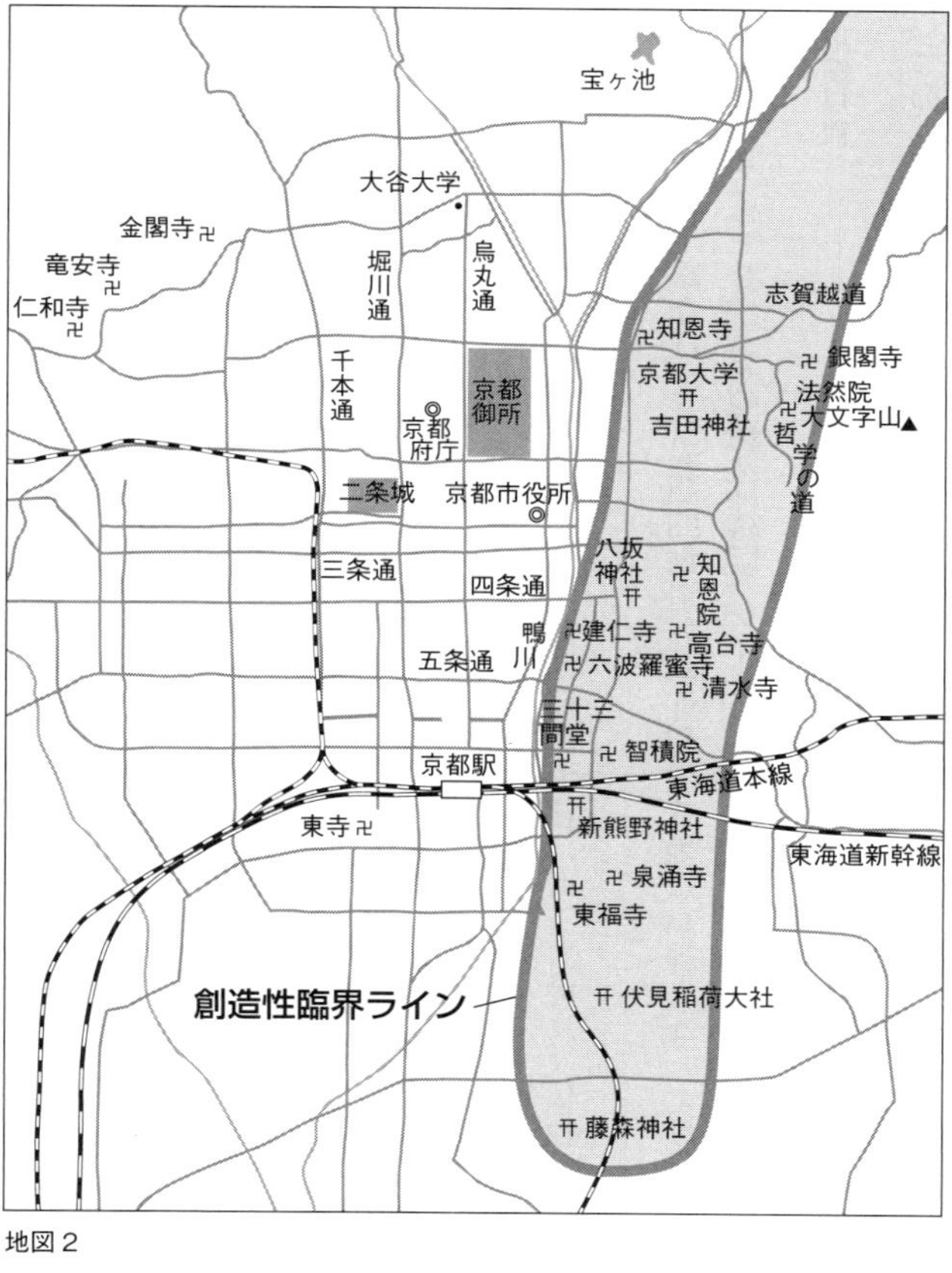
宝ヶ池
大谷大学
金閣寺
竜安寺
仁和寺
堀川通
烏丸通
志賀越道
知恩寺
銀閣寺
京都大学
法然院
大文字山
千本通
京都御所
京都府庁
吉田神社
哲学の道
二条城
京都市役所
八坂神社
知恩院
三条通
四条通
鴨川
建仁寺
高台寺
五条通
六波羅蜜寺
清水寺
三十三間堂
智積院
京都駅
東海道本線
東寺
新熊野神社
東海道新幹線
泉涌寺
東福寺
創造性臨界ライン
伏見稲荷大社
藤森神社

地図２

といえる。

吉田・田中（北）と深草（南）を南北に結ぶ線上には、知恩寺、吉田神社、銀閣寺、法然院、金戒光明寺《こんかいこうみょうじ》、聖護院《しょうごいん》、岡崎（最勝寺があった）、知恩院、八坂神社、高台寺、建仁寺《けんにんじ》、六道珍皇寺《ろくどうちんのうじ》、六波羅蜜寺《ろくはらみつじ》、清水寺、方広寺、豊国神社、智積院《ちしゃくいん》、三十三間堂、法住寺、新熊野神社、泉涌寺《せんにゅうじ》、東福寺、伏見稲荷大社がほぼ一列に並んでいる。このラインのうえで、西田幾多郎（田中の自宅から吉田の京都帝国大学に通う）、後白河法皇（東山七条で今様に狂う）、豊臣秀吉（方広寺に大仏を建てる）、世阿弥（新熊野神社ではじめて将軍・足利義満に能を披露）、鈴木大拙（東福寺の塔頭に住む）、道元（深草の興聖寺で『**正法眼蔵**《しょうぼうげんぞう》』の講義をする）などなどが、それぞれの生をばらばらに輝かせたのだといえる。

大きくいえば比叡山延暦寺（北）と伏見稲荷大社（南）という、仏教と神道の二大聖地を結ぶラインである。

きわめて不思議なほど、思想的創造力が炸裂する地点が線となって結ばれている。わたしはこのラインを、「京の創造性臨界ライン」と呼ぶことにしよう。

†地震以前

このラインは実は、京都最大の活断層である花折《はなおれ》断層の筋とほぼ一致している。神道学者の鎌田東二氏によれば、日本の神社は、自然災害の目印の場所に立地することが多いのだという。過去の津波の最高到達点や、川の氾濫で水が到達した地点、地震の震源や断層のうえに立てられる神社が多いという。

ちなみにわたしは、このラインの北端（田中）と南端（深草）の両方に住んだことがある。わたしは京都で六カ所に住んだが、そのうち四つの家が、このラインのうえ、つまり花折断層の真上であった。

よくひとは、地震というものを、震度一から始まると思っている。だが断層の真上に住んでみた者は、地震というものをもう少しよく知っている。震度○か一か、というデジタルではないのである。いってみるなら震度○・○○七とか○・○一三などというものがある。「あっ、なんや動いてる」というかすかな感じ。それは「揺れてる」という明確な感じではない。なにか、大地のかそけきうごめき、という感じ。あきらかになにかが動いている、しかし「地震」という大仰《おおぎよう》な名をつけるには足りない、そんな微動が、実に頻繁に感じられる。

この感覚は、慣れてくると、ぞくぞくするものである。不安でもある。焦燥になる場合もある。だが、自分の踏んでいる大地が確固たるものでないという感覚、いま生きているのが夢なのかうつつなのかわかりにくい感覚。そういうものが、この創造性臨界ラインに暮らす者の創造性と、なんらかの関係があると思うことは、荒唐無稽であろうか。

†物資とひとと情報の流入ルート

それだけではない。このラインは、その北端が若狭から「鯖《さば》街道」を経て鯖などの物資がはいってくるルートにつながっており、南端は大坂からの物資が淀川を経て伏見にはいってくるルートにつながっている。吉田の志賀越道《しがごえみち》からは、琵琶湖からの物資もはいってくる。創造性臨界ラインは、北からも南からも、京都に供給する大量の物資が流入してくるチューブのようなラインなのである。物資の移動は、ひとの移動と情報の移動をともなう。

よく歴史の本には、「平安京の右京が廃れたのは湿地が多くて住みにくかったからだ」などという説明が書いてある。しかしそれだけではなかっただろう。大内裏の移転も含めて平安京自体が徐々に東に重心を移動させていった理由には、若狭湾－現在の出町柳－鴨川－伏見－難波（大坂）という物資や情報の流出入が巨大であったこと、花折断層という巨大な活断層に沿って、生と死の壮絶な記憶をリアルに堆積させるメカニズムが働き、そこに寺や神社が集まったこと、などが挙げられるのではないだろうか。

さてそれでは、前置きはこのくらいにして、いよいよ京都逍遥をはじめようか。

起点は、出町柳《でまちやなぎ》である。

第一章
出町柳から北白川まで

和辻哲郎（1927年）

1　鴨川――渡来人と京都

†渡来人の土地

「京都思想逍遥」の出発点、京阪電鉄の出町柳《でまちやなぎ》駅。

この駅からほんの数メートル西に行くと、そこは賀茂川（あるいは加茂川）と高野川の合流地点となる。賀茂川は、高野川と合流する直前で鴨川となる。このあたりから北のほうを眺めると、実にうつくしい景色だ。

賀茂川と鴨川を混同するひとがいるが、その違いは右のとおりである。おおよそ高野川と合流するまえまでを賀茂川と呼び、合流したあとは鴨川となる。

鴨川の名はなぜ鴨川なのだろうか。鴨が多く生息していたから鴨川なのか。そうではないだろう。「かも」という名を持つ氏族集団がこの流域を支配していたので、「かも川」と呼ばれた。「賀茂」も「鴨」も当て字である。

「かも氏」はこの地方の代表的な渡来系氏族であった。「かも」の語源は百済語で「熊」をあらわす語（現代朝鮮語では「コム」）であったかもしれない。熊トーテムの氏族であっ

地図３

たかもしれないという意味である。古朝鮮の神話では、熊が人間の女となって身ごもった子が檀君《タングン》であり、朝鮮の最初の統治者となる。あるいは「かも」は、「かみ」や「カムイ」（アイヌ語）と同系統の語であったかもしれない。ちなみに「賀茂」の現代朝鮮語音は「カム」である。「かも」「くま」「か み」「かむ」「かむい」のあいだにどのような相互関係があるのか。

知らぬ。

余談になるが、日本ではいまだに、古代日本の言語や文学や歴史を研究する学者の多くが、朝鮮語の知識なしに臆面もなく「研究」をしているのだが、これは真に恥ずべきことではないのだろうか。

たとえば地名の「なら（奈良、寧楽、乃楽、那良などの字を当てる）」の語源は、「土地をならした」からだとする柳田國男の説がある。だがこの説に納得するひとは、いったいどれだけいるのか。『日本書紀』にはたしかに、「ふみならす」という語がこの地の山の名の語源だという説明があるが、これはもともとこの地を「なら」と呼んだことに対して、エピソードをつくって後づけした地名由来譚にすぎない。現代朝鮮語で「国」を「ナラ」というというごく初歩的な知識があれば、柳田のような奇想天外な説をとなえて恥をかく必要はなくなるのだが。

ただもちろん、現代朝鮮語で「国」が「ナラ」だからといって、地名「奈良」の語源が朝鮮語「ナラ」であると断定できるわけではない。現代朝鮮語と古代朝鮮語の関係が明確になっていなければ、そのような推測は単なる「他人の空似」であるにすぎない。問題はいつでも、古代朝鮮語に関する情報が少なすぎるという一点にあるだろう。

またたとえば、地名の「あすか」を「明日香」とも書き「飛鳥」とも書くのは、どういう理由からなのだろうか。だいたい「飛鳥」という漢字二語をどうやって「あすか」と読むのか。どう逆立ちしても、「あすか」とは読めないだろう。

これに関しては、韓国の碩学・李《イ》御寧《オリヨン》氏の説が白眉である。氏は、これは粋な駄《だ》洒落《じゃれ》だという。「明日香」は「明日」の「香」と書く（この「香」は「ありか」などというときの「か」と同じで、「場所」という意味であろう。「香」という漢字はその当て字）。この「明日＝日を明かす」を現代朝鮮語で読むと、「日」が「ナル」で「明かす」が「セ（ダ）」である。つまり「明日」は「ナル＋セ」となる。ところで現代朝鮮語で「ナル」は「日」という名詞の意味のほかに、「飛ぶ」という意味の動詞の語幹でもある。また「セ」は「明かす」という意味の動詞の語幹であると同時に、「鳥」という名詞の意味も持つ。ほら、そうすると、「明日」＝「日を明かす」＝「ナル・セ」＝「飛ぶ鳥」となるわけである。一種の駄洒落である。現代朝鮮語からの類推とはいえ、これは李御寧博士による秀逸な謎解きのひとつである。たしかに『**万葉集**』では「飛鳥《とぶとり》の」は、「明日香」にかかる枕詞《まくらことば》である。

この説が正しいかどうかはわからない。われわれには古代朝鮮語の情報がないからである。しかし、朝鮮語の知識が少しだけあれば、日本古代の言葉や歴史に関して、実に発想力ゆたかな新解釈ができるにもかかわらず、朝鮮語を知らないばかりに旧説になずんでいるのは、実にもったいないことである。もし「日本古代のことを知るために朝鮮語の知識など要らぬ。それは邪道だ」と考えるなら、「あすか」をなぜ「飛鳥」と書くのか、右の李御寧説よりももっと説得力のある説を出してほしい。おそらく、無理ではないか。

†百万遍へ

さて、そんなことを考えながら、出町柳から今出川通を東に行ってみよう。最初の交差点が、百万遍《ひゃくまんべん》である。そこに近づくと、なにやら悲哀のざわめきが、わたしの身体をさわさわと襲ってくるかのようだ。

百万遍は、苦しみの交差点である。

2　百万遍――わが解体

†田中の西田幾多郎旧宅跡

だが、少しだけ寄り道。

出町柳の駅から少し東に行くと、西田幾多郎の田中上柳町の旧宅があったところに出る。

百万遍に行くまえに、ここに寄ろう。

西田こそ、「悲哀の哲学者」だ。

田中上柳町の自宅では、妻が脳溢血で寝たきりになったり、長男が急死したりした。彼は京都に来るまえにすでに幼い娘ふたりを喪っている。悲哀をとことん経験したのである。その悲哀を、自分独自の言葉に嚙み込ませて吐き出すことのできた、稀有な哲学者である。その文体自体が哲学であり生である。そのようなひとである。

わたしたちの京都逍遥は、西田の「(哲学の動機は)**深い人生の悲哀でなくてはならない**」という言葉を、じっくりと嚙みしめてみることから始まる。

二〇一八年に京都大学百周年時計台記念館で開かれた「**京都大学の西田幾多郎**」展では、西田が第三高等学校に寄贈したフィヒテやカントの哲学書が展示してあった。その本には、自作の短歌が自筆でしたためられてあった。

徒《いたずら》にむくろ残りて人並《ひとなみ》にのみて食ひて笑ひてぞ居る
すこやかに二十三まですごし来て夢の如くに消え失せし彼

西田の長男は第三高等学校(いまの京都大学総合人間学部の前身)でスポーツに没頭して

いたが、数え歳二十三の年、突然の病(腹膜炎)により、あっけなくこの世を去ったのだった。

西田哲学の悲哀についてはまた、あとでじっくり考えてみることにしたい。

†いよいよ百万遍へ

出町柳から今出川通を東に歩いて行くと、なんとなく悲哀の発熱を土地そのものから感じる。悲苦の予感。

一九六〇年代。京都。全共闘。苦悩。百万遍。京大闘争。暴力。反権力。内ゲバ。中国文学。長編小説**『悲《ひ》の器《うつわ》』**。**『我が心は石にあらず』**。**『邪宗門《じやしゆうもん》』**。**『憂鬱なる党派』**。エッセイ**「孤立無援の思想」**。**「わが解体」**。**「孤立の憂愁の中で」**。高橋和巳《たかはしかずみ》(一九三一~七一)。

一九五九年生まれのわたしが、これらの「しるし」を同時代にリアルタイムで明確に経験したわけではない。たしかに同じ時代に生きていたはずであるが、高橋和巳が苦悩の絶頂でまさに死に向かわんとしているとき、つまり一九六九年、わたしはまだ小学生だった。一九三〇年代生まれも一九四〇年代生まれも同じだが、一九五〇年代生まれもまた、その生まれ年の一年一年の違いが、人生の大きな違いとなってはねかえってくるのだった。たとえば一九五〇年生まれと一九五三年生まれでは、六〇年代の大学や社会のせっぱつまった逼迫状況に関して、およそかけ離れた経験を持っているだろう。

わたしが京都大学をはじめて訪ねたのは、一九七九年のことだったと思う（もしかすると記憶ちがいかもしれない）。鎌倉の自宅からふらりとひとり旅で、あこがれの地を訪れた。高橋和巳が死んでから八年が経っていた。これが百万遍か。京大の体育館（西部講堂ではなかった）で浅川《あさかわ》マキのコンサートをやっていたのを聴いた。アンダーグラウンドの長い黒髪と「孤立無援の思想」と「わが解体」の百万遍。自由と反体制の解放区。

悲愴であり、パセティックであり、そして甘美である。あきらかになにかの椿事《ちんじ》が起きる前夜であるかのような不穏な雰囲気が、京都大学の付近には漂っているように感じられた。それは一九六八年、六九年の雰囲気であると同時に、一九七〇年十一月の雰囲気でもあった。前者は新左翼の反乱であり、後者は三島由紀夫の自決である。左翼と右翼の両端は、「戦後日本の破壊」という一点で粘着的かつ奇形的にくっついていた。三島こそ、真の反体制の極点だった。

その情念的で奇形的な結合を、高橋和巳も書いている。三島由紀夫の自決に際して、「**死について**」（一九七一）という文章で、語る。

これまで触れなかった悲哀の情というものも、またあるのであって、そういうことば

（孔子が弟子の子路の死を知り、激情に耐えかねてしおからの樽をひっくりかえして慟哭したという『礼記』檀弓《だんぐう》上篇の言葉――小倉注）に含まれている激情を伴った悲哀の感情は正にこういうものなのだろうということを三島氏の自決によって知った。

左翼の高橋と右翼の三島をくっつけるものは、孔子の激情だった。古代中国的な義憤であった。倫理的怒り。義と怒りと悲哀の融合体であった。

そういう激情をきれいに統御して抑えつけるのが戦後日本の統治技術のひとつであったから、慟哭とか悲哀というのは、文学のなかだけで息をつづける感情になってしまった。そしてやがて、高橋和巳亡き後は、文学のなかでさえ、それは居場所をうしなうことになる。村上春樹の時代になったのだ。激情の窒息する時代、といってもよい。村上の小説は、息ができないので読めない。

✝自らを解体する高橋和巳

高橋和巳のエッセイ「**わが解体**」は、京都帝国大学文学部における理不尽な出来事の描写から始まる。大正時代に、A博士という社会学者が文学部にいた（有名な人である）。彼が被差別部落出身者であったという理由で、文学部教授会が彼に不利益な決定をしたのだ。

その内幕を伝聞も交えて叙述したあと、高橋和巳は、「批判すること」とはいかなる行為なのかについて、大学闘争の現場のなかで真摯に思索していく。高橋はいう。

よくもあしくも、自己を無辜《むこ》の位置におき、他者の矛盾や不義を糾弾することによって、自己があたかもその悪から免かれているとみなす発想は文学にはない。幾らかの批判的言辞は弄しているとはいえ、私もまたその教授会内部の人間であり、しかも赴任して二年、年齢的にも最下位層に属してかつ孤立無援、なにひとつ教授会がそれ自体としてもっている〈封建性〉をくだきえていない。自分自身も無罪でないということは、口で言えば簡単なことである。しかし具体的な問題の場で常時実感せざるをえず、しかも神経症に完全に埋没することなく耐えるということは、ほとんど私の資質を超える。(「**わが解体**」)

大学権力そのものに対して暴力的に噴出した「批判」に対して、高橋は根底的に賛同しつつ、自らも権力側にいる身であることを引き受けながら、しかしその引き裂かれるこころが自己の身体を蝕むことを防げない。暴力的に批判する側にも、それを権力的に拒絶する側にも、それらが「虚偽」であるという点で自己同一化することができずに苦悩し、懊悩するのが高橋だった。彼は思念上では学生側ともっとも近かったが、しかし学生の振る舞いには「かんかんに」腹を立てていた。

それは権力対反権力、という単純なものではなかった。内ゲバや裏切り、虚偽や腐臭といった、あらゆる人間的なものと直面せざるをえない、「芋蔓式につらなった憂鬱な人間関係のからみあいとその矛盾」（「**わが解体**」）の総体なのであった。この矛盾の総体を、ここ百万遍で生きるということは、端的に「自らのよって立つ地盤を奪うこと」（「**わが解体**」）なのである。だが高橋はいう。

なぜこんなことになったのか。なりつつあるのか。数カ月前の自分と比較して今昔の感に耐えないが、しかし誰も怨むことはない。自ら選んだ自己解体の道なのであるから。（「**わが解体**」）

そして彼は実際に、京大文学部助教授を一九六九年に辞職し、二年後に結腸癌で死んだ。享年三十九。

†自己解体の現場はいま

百万遍は、自己解体の場である。悲哀しつつ、自己を解体し、そして慟哭《どうこく》する。その場がまさに百万遍である。この場に立って、高橋和巳の〈いのち〉の懊悩《おうのう》をいまの世に立ち現わしたい。

だが高橋の死からすでに五十年近くが経ち、そのあいだに、この場所はいつのまにか、遊戯と贅言《ぜいげん》と弛緩の現場になってしまった。

「**否定のないところに霊性はない**」と鈴木大拙はいった。真の霊性は、徹底的な否定という回路を経てはじめて現出するというのだ。高橋和巳なら、「解体のないところに人間はない」というだろう。

そんなことを思いながら、百万遍の空を見上げる。

心うしこひしかなしとしのぶとてふたたび見ゆる昔なき世よ　藤原定家

3　聖護院――伊東静雄

†百万遍から聖護院へ

百万遍から、東大路通を南に下ろう。左手（つまり東側）に京大博物館を見ながら、どんどん行くと、近衛《このえ》通に出る。右（つまり西側）にある建物が京大病院だ。さらに南下し、丸太町通に出る一本まえの道を、左に曲がろう。この道をまっすぐ東に行くと、やがて左（つまり北側）に聖護院《しょうごいん》門跡がある。

聖護院からは、午後、東山が照りかがやくのが見える。冬の寒い朝など、聖護院には雪が降っていないのに、大文字山にはうっすらと雪が積もって白一色になっていることがある。午後になるとその白がいっせいに西日に照りはじめるのである。山肌に描かれた、五山送り火の「大文字」の「大」の字が、このときばかりは白のなかに身を隠す。凛冽《りんれつ》な気があたりを清澄にする。

のちに詩人になる京都帝国大学生の伊東静雄《いとうしずお》（一九〇六～五三）がここ聖護院に住んだのは、一九二七（昭和二）年九月からのことである。全集の年譜によれば、静雄は吉田から「**聖護院西町一番地元岡家の裏庭にある離れに移住し、そこを寒枇庵と名付けた**」。ちょうど現在の京都大学医学部附属病院と、聖護院門跡のあいだ、東大路通の東側である。冬の寒い日など、河道屋養老という老舗の蕎麦屋の別棟から白い湯気がもくもくと立ち上り、あたりに霧のかかったようになる。蕎麦屋のすぐ北には八ッ橋を焼く小さな工場があり、そこから香ばしい匂いが漂ってきて聖護院まで届く。このあたりに静雄はおそらく、一九二九(昭和四)年三月頃まで住んだ。この月に京都帝国大学国文科を卒業して、四月五日に大阪府立住吉中学に赴任するのである。卒業論文「**子規の俳論**」は抜群の首席であった。

†百合子と静雄

酒井小太郎は、静雄と同郷の長崎県諫早《いさはや》出身で、静雄の通った佐賀高等学校の教授であった。酒井先生は大正十四年に姫路高等学校に移る。翌年京都帝大生となった静雄は、姫路の酒井先生の家をたびたび訪れる。酒井先生には、安代と百合子というふたりの娘がいた。やがて静雄は妹の百合子に恋心を抱くようになる。百合子はその後、同志社女子専門学校に通うようになり、校内のプリンプトン寮に住んでいた。静雄の通う京都帝国大学からはごく近い。

その後、一九二八（昭和三）年四月に、百合子の母と安代が姫路から京都市今熊野南日吉町に引っ越して来、百合子を寮から引き取って母娘三人で住むようになる。酒井先生を姫路に残したままだった。静雄の恋心はいやましに高まる。

百合子がまだプリンプトン寮にいた頃、静雄が安代に宛てて送った手紙（昭和二年五月）。

昨日、土曜日の午後、私は室にをるのが何だかいやになりましたので洋傘をついて、久し振りに三条の方に行つて見ようかと思ひまして、河原町丸太町の停留所で電車を待つてゐました、ぼんやりと。すると、出町の方から来た電車が向ふの方でとまると、そこから美しい洋服を着た女学生の人が二人、愉快さうに、おりて来ました。私はいつでもそんな女学生の快活さを見ると、自分が妙にみじめに見えて仕方ない様な気分になるのが癖で、その時も何ともいへない憂愁を感じながら、それを見てゐました。するとどうでせう、その女学生の一人がこちらを向くと、それは明かに百合子さんではありませんか、私は何といつていいかわかりませんでした。百合子さんも驚いてゐられました。

「どちらに」ときくと、

「三条に」それだけ云つて、百合子さんはお友達の人と舗道をあるいて、向ふの方に行かれました。私は停留所に、自分の電車を待つてゐながらじつと見てゐますと百合子さんのきれいな洋服の垂れたバンドが風でゆれるのが見えました。

なんということもない青春の日のひとこまである。しかし静雄の詩人的霊性は、この一瞬に強烈な、ふるえるような〈いのち〉を感じた。そして後に静雄は、日本近代最高の浪漫派詩人となるのである。

酒井百合子こそ、わたしが最大限の感謝を捧げたい女性だ。彼女がこの世にいたからこそ、伊東静雄は詩を書いた。静雄の詩がもしこの世になければ、ほとんどこころのふたかけら、みかけらほどでもなくなっていただろうと思えるわたしのような人間にとって、酒井百合子こそ、崇拝の対象とすらいってもよい。若い頃わたしは、百合子という名の女性に遇ったらそれだけで心臓が止まりそうになったものだ。

わがひとに与ふる哀歌

太陽は美しく輝き
あるひは　太陽の美しく輝くことを希《ねが》ひ
手をかたくくみあはせ

しづかに私たちは歩いて行つた
かく誘ふものの何であらうとも
私たちの内《うち》の
誘はるる清らかさを私は信ずる
無縁のひとはたとへ
鳥々は恒《つね》に変らず鳴き
草木の囁《ささや》きは時をわかたずとするとも
いま私たちは聴く
私たちの意志の姿勢で
それらの無辺な広大の讃歌を
あゝ　わがひと
輝くこの日光の中に忍びこんでゐる
音なき空虚を
歴然と見わくる目の発明の
何にならう
如《し》かない　人気《ひとげ》ない山に上《のぼ》り

切《せつ》に希はれた太陽をして
殆《ほとん》ど死した湖の一面に遍照さするのに

これほどの詩語をつむぐことができたのは、稀有なことである。偶然性の結果といってよい。「私が愛し／そのため私につらいひとに／太陽が幸福にする／未知の野の彼方を信ぜしめよ／そして／真白い花を私の憩ひに咲かしめよ」（「冷めたい場所で」）。「すべてのものは吾にむかひて／死ねといふ、／わが水無月のなどかくはうつくしき。」（「水中花」）——このような悲哀の絶頂の詩語を、日本近代の詩人として生み出すことができたのは、まさに伊東静雄だけである。

†京都への嫌悪

他方で静雄は、京都を嫌悪した。後年の述懐である（「**京都**」一九四〇）。

私が京都で大学生生活をしてゐたのは、大正の終りから昭和の初めにかけてである。九州の田舎から出た性急な私は、京都の温雅清寧の風景に先づ閉口してしまつた。何処へ行つても融和しがたい、憤懣に似た感情を味つた。私の当時の情感は、京都の風景を拒絶したが、悪いことに、私の本質はその美しさを理解してゐたのである。そのために二重にいらいらとし、自分がのけ者になつてゐるのを覚えた。私はこの温雅な風景に向つて、大声に罵倒してやりたい衝動をいつも覚え、おちついたその鑑賞者までが癪にさわつた。（中略）

私は仕方なく、下宿にばかりこもつて、出歩くのをやめ、友人とも交際しなかつた。しかも私はかくれて、千年伝統の和歌をせつせと作つたのである。そして和漢朗詠集と新古今集を愛読してゐたのだ！　私はその頃の自分を考へると可憐の情に堪へない。しかし私は今日でも尚、それ等愛読の古典とそれを生み出した京都といふ土地とを結びつけるのに困難を覚えるのだ。

これは京都というまちと対決しなくてはならない者が持つ、根源的な感覚だ。即自的に京都になずみきっている者には、わからない感覚だろう。このいらだたしさ、この憤懣、この困難こそ、京都の生んだ古典を愛し、そして現実の京都を愛せないすべての表現者が抱く感覚なのである。だから京都に暮らす野心的な表現者はみな、つねにいらいらしている。そのいらいらを克服しようと、まちを彷徨し、部屋にこもり、紙を延べてなにかを書こうとする。そしてかろうじて何行かの文を、書いては破り捨て、書いては破り捨てるのである。
静雄の詩はどれもすばらしいが、「悲哀」というテーマでいえば、次の詩がよい。若き平岡公威《ひらおかきみたけ》（三島由紀夫の本名）が十八歳のとき、伊東の詩集『**春のいそぎ**』（昭和十八年、一九四三年）のなかで特に気に入っている作品だと語った詩だ。激情はここにはなく、恬淡とした哀愁があるのみである。

百千の

百千の草葉もみぢし
野の勁き琴は　鳴り出づ

哀しみの
熟れゆくさまは
酸《す》き木の実
甘くかもされて　照るに似たらん

われ秋の太陽に謝す

4　若王子と法然院——和辻哲郎と九鬼周造

†黒谷から若王子へ

聖護院から西へ行こう。黒谷（金戒光明寺《こんかいこうみょうじ》）を経て若王子《にゃくおうじ》に向かう。どの道を通ってもよいが、きょうは真如堂《しんにょどう》を通って行こう。金戒光明寺は幕末に、会津藩の松平容保《まつだいらかたもり》が京都守護職になったとき陣を置いた寺である。会津藩は天皇を守ったわけだ。それなのに孝明天皇の死後、会津は突然朝敵とされた。この恨み晴らさでおくべきか。会津藩士の墓が、金戒光明寺から真如堂に抜ける道の右側にひっそりと佇んでいる。

このへんは、伊東静雄が大学生のときによく散歩した場所だ。酒井安代あての手紙（昭和二年五月）。

毎朝、人の起きない内に、上大路の屋敷町をぬけ、椎の木の暗い吉田山を越えて、真如堂とか黒谷とかの静かなお寺まで散歩する様になりました。

朝の、吉田山を越えながらの黙想や祈念は、私の生活にいちじるしい緊張を与へて呉れます。
私が今日一日小さな感情にとらはれません様に、
私が今日一日中枢で動いたり考へたり出来ます様に、
そんなことを口の中でつぶやくこともあります。

真如堂から坂道を下って、白川通に出る。それを突っ切って少し行けば、「哲学の道」に出る。右に行けば若王寺や南禅寺である。左に行けば法然院や銀閣寺に出る。いまは右のほうへ、若王寺まで行ってみよう。

若王子は、和辻哲郎《わつじてつろう》（一八八九〜一九六〇）が一九二五年に法政大学教授から京都帝国大学助教授に転じたときに住んだ場所である。一九二七年から翌年にかけてドイツに留学し、この経験をもとに名著『**風土**』（一九三五）を書く。一九三一年に教授となり、三年後に東京帝国大学教授となって東京に転居するまで、和辻は京都に足かけ十年、住むことになる。彼の主著は『**倫理学**』（一九三七〜四九）や『**日本倫理思想史**』（一九五二）で、一般的にはベストセラー『**古寺巡礼**』（一九一九）が有名だが、ここでは岩波文庫の『**日本精神史研究**』をたばさんで歩こう。ちょうど彼が京都に暮らしているときに書いた本で、初版は一九二六年に出ている。

この本も和辻のほかの本と同じく、彼の直観を独断調で文章にしているので、鋭角的でおもしろい。

たとえば彼は、『万葉集』と比較して『古今和歌集』を低く評価する。

『古今』の歌人が開いた用語法の新しい境地は一方に叙情詩の堕落を激成した。多義なる言葉を巧みに配して表裏相響かしめることが彼らの主たる関心となり、詠嘆の率直鋭利な表現は顧みられなくなった。

このことにより、細やかな心理描写が可能になったことは、物語の成育にとってよいことだったが、叙情詩としては『万葉』が嘆美すべきなのに対して『古今』は価値少ないと和辻は断定する。

男性的な文化が高く評価され、女性的で感覚的な文化が低く評価された明治以降の時代精神に、和辻はすっぽりとはまりきっていて自足している。その意味で時代への批判精神が欠如した文だ。

わたしとしては、和辻は、〈第三のいのち〉がわからなかったひとなのではないかと思う。

ただ、和辻こそ、「間」「間柄」という概念で人間や社会を根底からとらえなおそうとした稀有な思想家であった。この点では時代を完全に先駆けていたといえる。個人が実体としてまずあって、その個人が関係を結んで社会をつくるのではない、と彼はいう。西洋近代では、人間を個人として勝手に抽象的につくりあげて、そこからすべてを発想するという顚倒を犯している。そうではなく、個は、あらかじめあるのではなく、「間柄」のなかから複数性として現われてくるのである、というのが和辻の考えだ。

これに似た考えをわたしは、〈多重主体性〉という言葉で提示している。ひとは、一個の主体性を持っているのではない。ひとを構成しているのは、無数の他者の主体性であって、個というのはその多数性のせめぎあいのなかから、立ち現われるものなのである。

†若王子から法然院へ

九鬼周造《くきしゅうぞう》（一八八八〜一九四一）は東京出身で、江戸の「粋」に強い哲学的郷愁を感じていたにもかかわらず、ヨーロッパから帰国後に京都帝国大学教授になると、終生京都に暮らし、そこで死んだ。墓は法然院にある。

若王寺から銀閣寺までの疎水べりの細道を「哲学の道」という。西田幾多郎が好んで歩いた。若王寺から北へ行くと、右側に法然院がひっそりとある。いまは西洋人がたくさん訪れる観光名所になってしまっている。そこを訪れているひとびとの言語を聞けば、フランス人が圧倒的に多いことがわかる。なぜフランス人は「哲学の道」が好きなのか。

知らぬ。

現在の「哲学の道」は、桜の季節などは「これのどこがテツガクなんだ！」と思わず叫ばざるをえぬほどひと混みでごったがえす騒々しい単なる観光地と堕すが、それでもひとのいぬ季節、時間帯を選んで歩けば、そこそこの感慨にふけることくらいはできる。哲学とまではいわぬが。

「哲学の道」といえばもちろん西田幾多郎だが、九鬼周造もこの道にはよく似合う。春の桜花の季節、あるいは秋の薄曇りの午後などは、この道を歩くとよく、九鬼の面影がかげろうのように立ち現われる。

九鬼周造は、京都学派のなかでも特別に、〈第三のいのち〉にコンシャスだった。彼が名著**『「いき」の構造』**（一九三〇）で分析した「いき」は、まさに日本的な〈第三のいのち〉の典型の謂《いい》だったし、彼が「偶然」に大きな関心を示しつづけたのも、偶発的な〈第三のいのち〉＝〈きまぐれないのち〉へのオマージュであるように、わたしには思える。

「いき」は安価なる現実の提立を無視し、実生活に大胆なる括弧を施し、超然として中和の空気を吸いながら、無目的なまた無関心な自律的遊戯をしている。一言にしていえば、媚態のための媚態である。恋の真剣と妄執とは、その現実性とその非可能性によって「いき」の存在に悖《もと》る。「いき」は恋の束縛に超越した自由なる浮気心でなければならぬ。

九鬼周造の特異性は、そのフランス性であったろう。西田幾多郎、西谷啓治や田辺元など、京都学派の主流はことごとく、体質的にドイツ観念論およびヘーゲル的弁証法にぴったり合っていた。だが九鬼は、おそらくドイツ観念論には体質が合わなかったのだし、現象学のフッサールやハイデガーだけでは満足しなかった。ベルクソンが、彼には必要だったのだ。もちろん西田もベルクソンをよく参照し、またかなり強い刺激をベルクソンから受けてもいる（だが西田の哲学は根本的にはベルクソンをつっぱねる）。しかし西田はヘーゲル的な弁証法を最後まで発展・進化させようとしたのだし、弁証法的思考様式になじまなかった九鬼との違いは大きい。

藤田正勝氏（京都大学名誉教授）は九鬼周造の『**人間と実存**』（一九三九）の解説（岩波文庫、二〇一六）で、（哲学とは）「**生の鼓動を聞き、生の身顫《みぶるい》を感じる**」ことにその本領があるという九鬼の言葉を紹介し、それがベルクソンの「真の形而上学とは、……生命へ深く探り入り、一種の精神的聴診によって魂の脈動を感じとろうとするものである。そしてこの真の経験主義こそが真の形而上学である」という言葉を踏まえたものだとする。まさにそのとおりであろう。直観、流動、偶然性、直接性、「生ける形態」を重視するその哲学的態度。それは、ドイツ観念論と京都学派の類似性（わたしの言葉でいえば〈第二のいのち〉）に飽き足らず、京都学派がもともと持っていた強烈な〈第三のいのち〉への志向性を、情動のうごきのままに推進した九鬼の哲学そのものだったのである。

第二章

北白川から御苑まで

西田幾多郎

1 西田幾多郎と『善の研究』

†国体思想の痕跡

北白川から百万遍のほう、つまり西へ行くと、途中に志賀越道《しがごえみち》というのがある。この志賀越道というのは、碁盤目状になっている京都の道としては珍しく、斜めに走っている道である。荒神橋の東詰からやや北の川端通りを起点として、東北（志賀＝滋賀）方面に伸びるが、京都大学のキャンパスでいったん途切れて、吉田山（神楽岡《かぐらおか》とも）の西麓で再び現われ、今出川通を越えて北白川から滋賀方面に向かう。

さくら花ちらぬ梢に風ふれててる日もかをる志賀のやまごえ

藤原定家二十九歳の歌である。

今出川通と志賀越道が交わるあたりが、吉田山の北の麓である。ここに南北に断層が走っている。有名な花折《はなおれ》断層である。数百年にいちど、大きな地震をもたらすので危ないやつだ。

わたしはかつて、明治から昭和前期にかけての日本の国体思想について研究していた時期があった。古本屋に行くと、いまは完全に忘れ去られてしまっている国体に関する本が戦前、実にたくさん発行されていたのがわかる。たとえば里見岸雄《さとみきしお》（一八九七〜一九七四）という人物がいたが、現在この人物を知るひとは少ないだろう。だが彼は、戦前の国体思想を知るうえでは、きわめて重要な人物なのだ。「科学的国体主義」を標榜して、ほかの凡百の心情的ナショナリズムと一線を画そうとした。

里見の本の奥付を見ると、里見研究所出版部の住所として「京都市左京区吉田本町五番地」と書いてある。ちょうど吉田山の西側の麓に当たる場所だ。この出版部から、『**天皇の科学的研究**』『**科学的国体主義**』『**国体科学の国体論**』『**思想的嵐を突破して**』『**国体宗教批判学**』などの書籍が刊行されている。戦前、ここにこれほどウルトラ国粋主義の本を出す出版社があったとは。吉田神社となにかの関係があるのか、ないのか。

知らぬ。

†アニメと西田哲学

歩きながら、ふと、山村浩二氏（東京藝術大学教授）の「**頭山**《あたまやま》」（二〇〇二）というアニメーション作品のことを思い出した。山村氏は日本を代表するアニメーターだ。

わたしはこのアニメーション作品をはじめて見たときに、「西田だ」と思った。自分の頭のうえにできた池に飛び込んで男が死んでしまうというストーリーなのだが、それをこの作品では、ユーモラスな表現のなかに一種不思議な「哲学性」のようなものを溶け込ませて描いている。

わたしは日韓関係のある会議で山村氏と同じメンバーだったことがあり、定期的にお会いしていた。そのとき氏に、西田幾多郎の論文「**絶対矛盾的自己同一**」(一九三九)をぜひ読むといいですよ、と薦めたことがある。

この哲学論文の内容も重要なのだが、それとともに、西田の日本語のリズムが、ひとつの芸術作品になっているのだ。なにか、山村氏のアニメ作品と一脈通ずるところがある。

それは生そのものであるともいえるだろうか。いえぬだろうか。

知らぬ。

†生命と自我をめぐる格闘

そんなことをぼんやり考えながら、西田哲学を思う。

そもそも、生命と自我というふたつをどのように関係づけるかという難問に関して、人類は長い間格闘しつづけてきた。

古代の神話創作者や哲人が打ち立てたのは「自我のまえに生命がある」という世界観だったが、これはデカルトの「自我のあとに生命がある」というテーゼによって、見事なまでに粉砕された。近代人というのは、基本的に「自我のあとの生命」という大きな世界観の中で生きているひとびとのことである。あるいは「自我のあと」にはなにがあるのかすらわからなくなっている。この状態をポストモダンと呼んでもいいかもしれない。

デカルト、カント以降、自我と生命を合致させようとさまざまな哲学的営為が繰り返された。成功したともいえるし、成功しなかったともいえる。しかし全体的にいえば、「自我のあとの生命」あるいは「生命のまえの自我」という巨大な世界観に抵抗できる別の世界観は、ほぼ存在しないのである。

だが、皆無ではなかった。たとえば西田幾多郎はその稀有な例である。

†西田幾多郎

西田幾多郎（一八七〇〜一九四五）の哲学における最大のテーマは、「自我と生命の同時性」ということをどのように実現するか、ということだったと、わたしには思われる。

ただしこのテーマは初期の『**善の研究**』（一九一一）においてはまだ明確に現われてこ

ない。中期の「**場所**」（一九二六）や「**論理と生命**」（一九三六）において前面に出てくるのである。そのことは、彼の哲学の文体においても顕著に認めることができる。

西田は石川県出身。金沢の第四高等学校教授のとき、『**善の研究**』のもととなる講義をした。四高教授を辞めたのが一九〇九年で、その後一時東京で学習院教授などをするが、一九一〇年に京都帝国大学助教授となる。彼の前期の主著であり、日本における最初の哲学書（哲学に関する概説書でなく自分独自の哲学を述べた書）といわれる『**善の研究**』はその翌年、一九一一年に出版される。この本は戦後になっても人気を落とさず、若者を中心として数多くの読者を魅了しつづけた稀有な哲学書である。この人気の秘密は、この書が陽明学的だったからだとわたしは思っている。

西田の文体は晦渋なことで有名だが、『**善の研究**』においては彼の文体はまだあるていどの直線性を保持しているため、読みやすい。つまり、叙述がAからBへ、BからB'へ、B'からB"へ、B"からCへ、CからC'へ、C'からDへ、という具合に、単線的ではないがあるていどの直線性を持っているのである。ところが「**場所**」や「**論理と生命**」などという論文になると、叙述が螺旋的になってくる。不動の中心ならぬ、揺動する空洞のまわりをぐるぐるとまわっている印象を与える文体に変化する。

これは彼の叙述しようとする哲学的事態が『**善の研究**』よりもはるかに複雑化したこと

にもよるのだが、もうひとつ、彼の文体自体が「自我と生命をどのように同時に誕生させるか」という運動と一体化してしまったことにもよるのだと、わたしは思う。その意味で西田の哲学は西田の文体なのであり、それは生命と自我がどちらも相手を先行させぬように鬩《せめ》ぎ合いながら同時に生成する「否定即生成」の運動そのものの活写なのである。

†純粋経験

『**善の研究**』においてもっとも重要な概念は、「純粋経験」である。開巻冒頭の言葉がまさに、次のようなものであった。

経験するというのは事実其儘《そのまま》に知るの意である。全く自己の細工を棄てて、事実に従うて知るのである。純粋というのは、普通に経験といっている者もその実は何らかの思想を交えているから、毫も思慮分別を加えない、真に経験其儘の状態をいうのである。

西田のいう純粋経験は、ヘーゲルが『**精神現象学**』で語った「このもの」の意識とは異なる。ヘーゲルの場合は、「このもの」に対する知覚を最も低い段階とみなして、意識がその段階を乗り越えてゆく過程を重要視している。すなわち、精神は、「いま、ここ」という最も直接的な場を少しずつ克服していって、最終的に絶対的な認識の可能性に到達することが語られている。

しかし西田の場合は、まなざしの方向がヘーゲルとは逆なのだ。「**経験するというのは事実其儘に知るの意である**」の「経験」（純粋経験）は、実は、精神の最も高い段階からのまなざしによってとらえられた「いま、ここ」なのである。

「**純粋経験における統一作用そのもの**」としての知的直観の典型的な例として挙げられているのは、「**技術の骨**《こつ》**の如きもの**」「**美術の精神の如きもの**」「**芸術の神来**《しんらい》**の如きもの**」であるが、これらをひとことでいえば、東洋哲学でいう「悟り」のようなものである。だが同時に、これは精神の奥処《おくが》や孤絶した修行場での「悟り」とはまったく異なり、きわめて日常的な行住坐臥の行ないでもある。つまりヘーゲルが『**精神現象学**』の冒頭で描いたような「いま、ここ」の意識でもあるのだ。しかしこれは単に即自的な「いま、ここ」なのではなく、その日常的な行ない自体がそのまま「悟り」なのだという強烈な宣言なのである。そしてわたしはこれらを、〈第三のいのち〉と呼ぶのである。

西田が知的直観の典型として例に挙げるのは、熟練した作業とか芸術の霊感のようなものである。〈第三のいのち〉を彼は哲学しているのだ、ということがわかる。

†自由に生きよ

西田哲学にもっとも強い影響を与えたのはヘーゲルを中心とするドイツ観念論であろうし、その次に禅を中心とする仏教であろう。だが、西田を東洋哲学の側面から見ると、仏教的であるだけでなく、むしろ陽明学的な側面が多くある。

それはやはり積極的に生を肯定し、自由と欲望を肯定する面に顕著にあらわれる。西田が肯定する欲望というのは、一義的には生命の欲望である。生きるという欲望である。それは矛盾そのものである。生きるというのは矛盾であるからだ。その矛盾を弁証法的に（つまり論理的に）否定しつつ乗り越えてゆく運動が、生命そのものなのである。

だが、西田の欲望は、単に「生きる」ということだけでなく、「よりよく生きる」という欲望を否定しない。つまり、世俗的な欲望も否定しないのである。『**善の研究**』は青春の書である。青年が成長してゆく上でのさまざまな世俗的欲望を仏教のように否定してことたれりとする書ではない。若者よ、自由に生きよ。君たちは自由に生きることができる。生の欲望を否定せず、そのままに生きよ、それでいいのだ、といっているのである。ただ、その個人的な欲望は全体の良心（陽明学でいう「良知」のこと）、全体の根源的統一力（陽明学の「万物一体の仁」）と必ず一致するだろう、といっている（陽明学でいう「心即理」）。

根源的統一力と合体するために君たちの個人的な欲望を滅却せよ、とはいっていないのである（朱子学はそういう）。もっとオプティミスティックである。だから陽明学なのだ。この点がおそらくは、戦前から戦後にかけて『**善の研究**』が若者たちに熱狂的に読まれた最大の理由であろう。

さて、吉田をゆっくりと歩きながら、西田の哲学についてもう少し考えてみようか。『**善の研究**』以後、つまり彼が京都に来てから、西田はなにを考えたのだろうか。

2　後期の西田幾多郎

†場所

さあ、わたしたちの逍遥もだんだん、吉田から田中へ、西田の旧宅に近づいてきた。

『**善の研究**』ののち、西田の思索は劇的に深まっていく。『**善の研究**』を書いたのは彼が第四高等学校教授だった時期である。そしてそれ以後の論文は、彼が京都帝国大学教授になった後の時期に書かれたものだ。旧制高校ふうの陽明学的熱情から、西田は急速に離れていく。

中期から後期の重要なたくさんの概念のうち、「場所」と「述語」と「絶対矛盾的自己同一」を、順番に考えてみよう。

西田のいう「場所」とはなにか。

そこにあるのはものだけではない。意志もある。意識もある。直観もある。行為もある。西田はそのようなものを無とはいわない。ここが仏教とは異なる。仏教は、ものを無というう。あるように見えるが、実体はない。アートマンはない。自性はないという。しかし西田の場合はあくまであるのだ。

しかし、有と対立する無を包み込むものとして、場所がある。無の場所だ。しかしこれは対立的な無の場所である。この外側にはまたほかの有がある。そしてそれをも包摂した無の場所がある。しかしこれもまた対立した無の場所だ。このようにしてどんどんメタのレベルを上げてゆく。その究極が、真の無の場所、絶対無の場所なのである。

ここに十人のひとがいて、そのひとたちの合意によって何らかの客観的な、普遍的な場ができたとする。しかしその外側にはまた別の客観性、普遍性がある。それらを包摂したかたちでまた次の段階の普遍性が形成される。

そういうような世界を、西田は考えているのだと思われる。

しかしこれに対して田辺元《たなべはじめ》（一八八五〜一九六二）は、西田はあらかじめ絶対無という超越的な審級を考えてしまっていると批判する。そこから西田が発想することは、哲学ではなく宗教なのだ、と田辺はいう。哲学は、最も超越的な審級をあらかじめ設定するのではなく、ひとつひとつ検証しながら段階を踏んでゆくものである。すると個から類までの道が見えてくる。その間に媒介としての種がある。田辺のいう「種の論理」である。ここでは類は超越ではない。段階なのだ。それに対して西田の絶対無は段階ではない。あらかじめ設定された超越なのである、というのが田辺の批判なのだ。

その批判は正しかったのか。

否、というのがわたしのこたえだ。理由は、右に述べたとおりである。

†述語的

カントのように、「主観が範疇というものにのっとって、客観を構成する」というように主観側に重心を置くのが近代だとすれば、西田はそれの反対である。述語側に重点を置かなくてはならない、と西田はいう。「わたし」とは述語面のことなのである。

述語は無数である。

ウィトゲンシュタイン的にいえば、「いま雨が降っている」という命題とともに、「いま雨が降っていない」という命題も「無の場所」には同時にあるのである。つまり矛盾の場である。それらが同時に成り立つ場所である。場所とはそういう意味だ。何かの枠組み、外縁があるわけではない。

西田のこの考えを推し進めると、「述語的多文化主義」とでも呼べるような世界が出現するのではないだろうか。

人間を主語と見るのが人権という概念であるならば、それはカントの考えにのっとっている。ここから、「人間は主語であるがゆえに、無限の可能性がある」という考えが出てくるだろう。しかし、西田は人間を述語と見る。これはアマルティア・センの考えに似ている。センのいうケイパビリティは、述語的である。それぞれの人の無限の可能性を保障する（結局それは何も保障しないかもしれない）のではなく、その人が述語として何が潜在的に可能なのか、をリストとして出してみる。そのリストを迫害したり抑圧するのはよくない社会である、というのがセンの考えだ。よい社会とは、それらの述語のリストを破壊しない社会なのだ、という考えである。西田の考えに近い、といってよいだろう。

このように、人権という主語的＝カント的な概念に対して、西田哲学的に批判してみることも重要かもしれない。

ただ西田の哲学には、他者が欠如している、とわたしは思う。

しかしわたしがこういうのは、主語的な意味での他者ではない。西田には主語的な他者はある。西田に欠けているのは、述語的な他者のことである。「わたしは林檎が好きだ」というとき、「林檎が好きだ」という述語面は、他者との協働によって成り立っているはずだ。孤絶した命題はない。あの人が林檎が好きだから、わたしも林檎を好きになるのである。ラカン的にいえば、「ひとは他人の欲望を欲望する」ということだ。あるいはあの人が林檎が嫌いだから、わたしは林檎が好きなのである。だから、主体と主体が向かい合う、というブーバー的な、あるいはカント的な主語的他者ではない、述語的な他者への考察が必要なはずなのである。西田は残念ながら、そこにまで至っていないような気がする、というのがわたしの考えだ。

はたしてほんとうにそうだろうか。

知らぬ。

†絶対矛盾的自己同一

そしていよいよ、彼の晩年の思考、「絶対矛盾的自己同一」に到達する。実にここに至って西田は、真の意味で「自我と生命の同時性」を語りうる哲学を構築しえたのである。

「絶対矛盾的自己同一」。

まずはこの言葉を正確に理解する必要がある。

「絶対」とはなにか。これは、かつての西田が「場所」とか「絶対無」などと呼んでいたものを指している。それは、別の言葉でいえば「超越」なのだが、この「超越」は西洋的な意味のそれではもちろん、ない。

西田哲学の特徴は、そのスピードにある。特に論文「**絶対矛盾的自己同一**」（一九三九）は、思考と言語の速度を最大限にまで高めた、稀有な実験であるといってよい。なぜここで「絶対」といったかといえば、すでにこの時点での西田の思考は、「場所」というような一定のひろがりを持つ概念、つまりそこになにかが留まりうるような、なにかが位置を占めうるような概念から脱皮してしまっていたからである。すでに西田の思考は「場所」を持つものから離れてしまっている。それは空間的には「ある」と「ない」の一瞬のはざまであり、時間的には「いま」が成立するかしないかの刹那的なはざまである。西田は「絶対」を「先端」ともいっている。そのような、かつていちどもだれによっても記述されたことがなく、一瞬の経験ののちにまた未知の瞬間に移行するような、空間と時間の先端を指している。

だから西田はここで、「絶対」は一瞬も続かないといっている。逆にいえば、一瞬も続かないから「絶対」なのである。そのことを西田は「**断絶の連続**」だとか「**現在から現在へ**」などという言葉で語る。

なぜ持続しないのか。それは、現在が「永遠のいま」だからである。それでは「永遠のいま」とはなにか。この論文以前から西田が考えてきたイメージは、こうだ。

世界を描いてみようとする。しかしその世界には、つねに「わたし」という余計なものが付随してしまう。「わたし」がいなければ世界は描けないし、世界から「わたし」を排除することはできないからだ。すると、世界の描き方はどうなるであろうか。わたしが世界に働く。世界はそれによって変形する。変形した世界にはすでにわたしがはいりこんでいる。しかしその「わたしがはいりこんだ世界」を今度はまた世界の外側にいるわたしが描かなくてはならない。だから次の絵は、「わたしがはいりこんだ世界」の外側のわたしが含まれた世界の絵である。

これは、唯識の考え方に似ている。しかし、西田の場合には、わたしという主体が重要な要素になっているところが、主体を設定しない唯識とは異なるのである。この違いは、決定的な違いである。

さて、これと同じことが、時間においてもいえる。

現在とはなんであろうか。西田によれば、それは「絶対」なのである。すべての過去が自己を否定して未来になろうとする瞬間が現在であり、また同時にすべての未来が自己を否定して過去になろうとする瞬間が現在である。現在とは、そのような否定と否定が否定しあって対立しあう刹那である。この刹那は一瞬も続かない。次の刹那には、前の刹那にあたらしく未来になった過去と、過去になった未来とが、それまでのすべての過去と未来とに含まれながら、あたらしい対立を実現する。「いま」とは、このように全時間がそこで出遭うところなのである。全時間は「いま」でしか邂逅できない。そしてこの「いま」は永遠にまえの「いま」から次の「いま」に断絶しながらつながっている。それゆえに「永遠のいま」なのである。そしてこの「永遠のいま」こそが「絶対」なのである。

西田の「絶対」は、この世界の彼岸にあるのではない。西田の「超越」は、この世界の外側にあるのではない。空間的にいえば、「わたし」という主体が「わたし」という主観を否定しつつそれを包含した絵を描いたまさにその場所。時間的にいえば、過去の全体と未来の全体が否定しつつその断絶面としてつながる「いま」。それが「絶対」であり「超越」なのである。

西田哲学はものすごいスピードと運動性でわたしたちを攻めまくる。「いま」という時を考えてみよ。それは一瞬も静止しておらず、刹那刹那に全宇宙の過去と未来を絶対矛盾的に合一させている臨界点なのである。

これをわたしの言葉でいえば、西田の「絶対」とは、躍度の思考なのである。

速度の微分が加速度であるが、西田は加速度を語っているのではない。加速度の微分、すなわち加加速度、別の言葉でいえば「躍度」を語っているのである。「躍度」の思考については、わたしはかつて藤原定家、道元、三島由紀夫の思想に関して語ったことがある（『**創造する東アジア**』春秋社、二〇一一）ので、ここで繰り返すことはしない。

躍度こそ、〈第三のいのち〉の立ち現われそのものなのかもしれない。

そしてここに、「自我と生命の同時性」が実現する。

西田哲学こそ、人類が長い間夢見てきた「自我と生命の完全な同時性」を実現する思考だったのではないか。

3　柳宗悦と民藝

†柳宗悦と民藝

吉田をさらに歩く。歩きながら、ふと、柳宗悦《やなぎむねよし》（一八八九〜一九六一）を想う。

最近、柳宗悦と京都のかかわりに関するよい本が出た。杉山享司・土田眞紀・鷺珠江・四釜尚人著『**柳宗悦と京都　民藝のルーツを訪ねる**』（光村推古書院、二〇一八）である。

この本によれば、柳は京都の三ヵ所に住んだが、そのうちの二ヵ所が、この吉田だった。最初は吉田山の南麓。この家は現存しているという。次は吉田山の北東側。

柳宗悦と京都といえば、東寺の朝市である。

京都駅の南側の八条口から、西南へ少し歩くと、弘法大師・空海の東寺がある。

ここで開かれていた朝市は、柳宗悦が「下手物《げてもの》」という概念と出遭った場所である。柳は京都に住んでいたとき、吉田の自宅から東寺の朝市に通い、出遭うかぎりのものを買った。そのとき、ものを売る老婆たちが、自分たちにとって二束三文の値打ちの品を「下手物」と表現するのを聞いた。しかしこの下手物こそ、民衆の用のなかに美を見出す柳にとっては、最高の値打ちのものだったのだ。

柳宗悦は「民藝」の提唱者であり先駆者であった。学習院高等学校で白樺派の一員となり、東京帝国大学哲学科を出たあと、朝鮮の陶磁器・仏像・日用雑器などに魅せられて一九一六年以降たびたび朝鮮を旅する(朝鮮は一九一〇年に日本に併合されている)。そしてついには一九二四年に朝鮮民族美術館をつくるにいたる。

関東大震災のあと、一九二三年に京都に移住する。朝市と出遭って、「民藝」の概念が確立するのは一九二五年のことである。

†悲哀なのか？

朝鮮のことを考える者はだれしも、いちどは柳宗悦の「民藝」について思索しなければならない。わたしにとっても民藝は、ながいあいだの難問のひとつである。まだまだ解けない。解けないまま、月日が経ってゆく。

柳は、朝鮮の美は線にあり、その美の基調は悲哀であるとした。色でいえば白、形でいえば白磁壺のふくらみの線。それが悲哀である。朝鮮民族が悲哀の民族であることと、朝鮮の美が悲哀の美であることは、運命的な同一性を持つと柳は考えた。

わたしが柳宗悦についてはじめて文章を書いたのは、もう二十五年もまえのことだ。その頃わたしは韓国に住んでいた。韓国はまさにわたしの日常だった。韓国人と韓国文化のダイナミックな力動性のただなかで暮らしていたのだから、柳宗悦の「朝鮮は悲哀である」という規定は当然、まったく見当違いのオリエンタリズムであるとしか思えなかった。だからそういう批判の文を書いたのだ。だがその後徐々に、柳の「悲哀」という概念について理解できるようになり、二〇一〇年には柳擁護の論文を書くにいたった（**「朝鮮の美と時間意識」**、のちに**『創造する東アジア』**所収）。

その後、柳宗悦と「悲哀」に関して折りにふれて思索してきたが、三年ほど前、東京の青山で李朝を扱う古美術店を経営されている李鳳來氏が、『**李朝を巡る心**』(青花の会／新潮社、二〇一六)という本を出された。すばらしい本である。この本の書評のようなものを『**工芸青花**』(青花の会／新潮社)という雑誌に書いたとき、わたしは柳の悲哀についてまた考えることになった。

少し長くなるが以下に、出版社の許しを得て、その書評を再掲する。原文は旧かな、旧漢字だったが、新かな、新漢字に改めた。

†『**李朝を巡る心**』

李鳳來氏が出された『**李朝を巡る心**』を手に取ったのは、四月のことだったか。函《はこ》から本を出して表紙や紙の感触をたのしみ、そしてひとつひとつ不可思議に屹立するものたちが撮《うつ》された写真を見ながら、言葉をたどる。一読してわたしは、近年感じることのなかった精神の打撃というようなものを感じ、いたたまれなくなってひとりで酒を飲みはじめ、そして深更、手元にあつた原稿用紙に、李鳳來氏への手紙を書いた。ひとに手紙をしたためるのに原稿用紙はいかにも不躾《ぶしつけ》だ。だが、この本の感想をいますぐ述べねばならない、あす便箋を買いに行くのでは間に合わぬ、と思ったのである。

本を読んで泣いたなどという経験が、この数十年間、わたしの人生にあっただろうか。わたしはこの本に泣かせられた。一行一行、ひとことひとことが、強い力を持っている本。だがそれは決して膂力《りょりょく》といったものではなく、透過力とでもいいたい、まるで李朝のような不思議な力だった。

それにしても李鳳來氏が本とともにくださった手紙に、「私はやはり骨董とか趣味などという世界が大嫌いなのです。そんな事ではモノは見えないはずです」と書いてあったのにはいささか驚愕した。この本の世界が骨董ではないのは、すぐにわかった。かれが嫌いな骨董というのは、文人趣味を齧ったような俗物が、古い器を手のなかでぐるぐるまわしながら、高尚な蘊蓄をしゃべっている情景を想起させる言葉である。「ものがわかったような手つきでものをぐるぐるまわすな」とかれはいっているように、わたしには思える。

ひとがなにを嫌うかということは、そのひとの生きる姿勢の根本にかかわることだから、ここは重要な点である。

私は数寄者とか愛好家が、自己満足の傲慢な気持ちで寄り合うことには嫌悪を覚える。モノに対する素直な尊敬、それらを作り出した人々、社会に対する畏敬の気持ちを欠く

からだ。（『**李朝を巡る心**』八〇頁）

なぜ骨董とそれを弄ぶ人間が嫌いなのか。おそらく、通りすぎてゆかぬからではないか、と思う。そのことは、『**李朝を巡る心**』を読んで、わたしが感じ取ったことだ。「通りすぎてゆく」というのが、この本の底流にある動きであるように、わたしには思えた。

これと反対なのが、「ものを自分のものとする」態度であるように思える。李鳳來氏は、青山二郎と小林秀雄が徳利をなでまわしている有名な写真を好きになれない、いやらしさを感じてしまう、という（八〇頁）。

わたしとしては、立原正秋が端正に正座して李朝の白磁壺を手に抱いて眺める写真に、胸のざわつきを感じてしまう（これは立原に対するわたしの感じであり、李鳳來氏が立原をどう見ているかとは関係ない）。立原は白磁壺をあきらかに、「自分のもの」としてとらまえようとしている。実はここには、植民地支配をめぐる複雑で重層的な心理が隠されている。朝鮮で生まれたひとりの男が、日本で著名な小説家となり、伝統的な日本美の申し子となって活躍し、まさに美の権化になろうとしたとき、その美意識の最終到達地点は、李朝白磁壺であった。そうあらねばならなかったといったほうがよい。和服を着て白磁を愛でる日本の小説家は、植民地朝鮮の美のからだを畏敬し、なでまわすように見える。主体と客体のように見えた小説家と白磁はしかし、単純な二項対立なのではなく、主体は朝鮮の核を持ち、客体は日本美の眼によって洗われた朝鮮美なのだった。立原はこの複雑性を一身に引き受けながら、白磁に向かいあって、それをおのれのものにせむとたたかっているようだ。その孤独なたたかいに、胸がざわつく。この複雑なたたかいこそ、数奇者や愛好家に決定的に欠けているものであろう。ものを簡単に客体にしてはならないのだし、そもそものはそんなに簡単に客体になぞならないはずだ。

李朝とはなんなのか。それをおのれのものにせむとあまたの美の自信家たちがいどむが、結局、すべて失敗するかのようだ。小賢しい知識や美意識でなでまわしても、李朝はその知識や意識のなかにすっぽりとはまってくれないのは、いうまでもない。

『**李朝を巡る心**』に書かれてあるのは、ものを巡って「通りすぎる」ひとのなかでも選りすぐりの、爽《さわ》だつひとびとの記録である。ここには、傲慢な自己意識でものを独占しようというひとが全然出てこない。もちろんそういうひとも店に来ることがあるのだろうが、著者はそういうひとたちのことは語らない。ただひたすら、李朝とこころによって交わろうとする、とびきり気持ちのよいひとびとばかりが登場する。むしろ李朝がなくてもその人生はきわめて充実しているようなひとたちだ。社会のいたるところで活躍している。だが不思議なことに、このひとたちの人生に、李朝はどうしてもなくてはならないもののようなのだ。そしてそれらのひとびとが、もののなかを風のように通りすぎる。ものもみごとで、ひともみごとだ。

李鳳來氏の抑制のきいた、無駄も修飾も一切ない筆致、しかしかぎりないつやにかがやく筆致が、ひとびとの速度を彫る。ひとびとは日常を生き生きと、きびきびと動いており、その速度が李朝のもののまえで一瞬、劇的に変化するさまが、目に見えるようにわかる。ここに描かれたのは速度ではなくむしろ加速度だ。この本は、ひとを見る達人の書いた、近来まれに見る名文なのだ。

こういう名文を、なぜ近年の日本は生み出せなくなってしまったのか。

この本では、ものが人間の自意識を媒介せずに立ち現われている。ひとがものを買い、店からどこかに連れてゆく。だから動いているのはものなのだが、ものは動いていないように見える。ひとが来て、ものが行く。ものが行き、ひとが来る。ひとが行き、ものが来る。そのくりかえしのなかで、閾《しきい》は曖昧となり、ひととものの輪郭は溶けてゆく。

ものが動くのか、ひとが動くのか、もはやわからない。わたしの目のまえにあるのは、ものなのか、ひとなのか。わたし自身が、ひとなのか、ものなのか。わからないなかを、ひとは一生懸命、おのれの生を実践し、完遂する。その時間をひとことでいえば、悲哀だ。

悲哀は瞬間に立ち現われる。永劫回帰のように続くかと思われるものとひとの動きのなかで、しかるべきものがしかるべきひとと瞬間的にゆきあう。その瞬間にこそ、悲哀が凝結する。〈永遠のいま〉をとらまえたとき、立ち現われるのは悲哀だ。

柳宗悦の「悲哀の美」に対してはいろいろな批判も出たし、わたし自身も若いときには柳に対する批判の文を書きもした。しかし、数年前に書いた文では、柳に対する見方を修正した。そこでわたしは悲哀を否定しなかった。いまでは否定しないだけでなく、「すべては悲哀だ」とさえいいたい。わたしたち人間を成り立たせているすべての知覚像が、悲哀なのである。それらは過ぎてゆくからである。過ぎていっても、のこっているからである。だから悲哀なのである。過ぎてしまい、のこってしまうから、悲哀なのである。この本の言葉たちが名文をつむぎあげているのは、その瞬間的な悲哀を清潔きわまりない筆致でえがきえたからなのであろう。

わたしが先に、この本から「精神の打撃」を受けた、といったのは、「おまえは、韓国についてなにか語っているようだが、果たしておまえのその語り方でほんとうによいのか」と、この本はわたしに語ったという意味だ。

それは、「ほんとうにおまえは、韓国を語っているのか」という問いであった。わたしは李鳳來氏への手紙で、このことについて答えた。

昔出した本でちらりと書いたことだが、わたしは唯美主義者である。唯美主義者が韓国と出あっても、よいはずだ。韓国と出あう人間はいつも道徳主義者の仮面をかぶらないとならないとしたら、その出あいは不幸だ。わたしには、日韓は不幸な出あいばかりをくりかえしてきたように思える。

わたしにとって韓国はなによりも、うつくしいのである。かつて仏蘭西《フランス》文学者の渡邊一夫が、三島由紀夫の初期の中篇小説「**岬にての物語**」を評して、「**誤植でも美しいほどの文章**」といったが、わたしにとって韓国とは、いびつでもうつくしい場所なのである。いびつゆえにますますうつくしい、といってもよい。

だが、はたしてわたしはこれまで、このわたしの唯美的韓国観をきちんと文章で表現してきただろうか。否。どこかで妥協してしまっている。韓国の美と、まったく対等に、同情もせず道徳的になりもせず、向かいあって文を書いたことがあるか。残念ながらいままで、わたしの文がその高みに達したことは、ごく少ない。大抵は、「世間的常識」や「学問的約束事」や「道徳的反省」などが、わたしを低いところへとひきずり降ろそうとして、その力に負けてしまっている。

忸怩《じくじ》たるおもいをひきずりつつ、わたしは『**李朝を巡る心**』を何度も何度もめくる。そこに登場するアルファベットの大文字で表記されたひとびとは、なんとすがすがしく、ある意味でかろやかに、李朝と対等につきあっていることだろう！　上から目線の同情心や、陳腐な道徳意識などまったくなく、達人のように李朝を通過していっている。通過しながら、そこにのこっている。李朝もだから、こころおきなくひとを通過し、そこにのこる。ものがひとをこのように気高くするのか。それとももともと精神の高さを持つひとこそ、李朝というものとゆきあえるのか。

本書を全体的に充たしている感覚をひとことでいうなら、孤独だ。ひともものも、出あってははなれるということをくりかえしつつ、その根本は孤独である。そしてこの孤独にこそ、倫理は宿る。

陳腐な道徳ではない。気高い倫理が、ものとひとを相互に高めあう。

「あとがき」で著者は、柳宗悦の孤独を語る。軍国主義に対して劇《はげ》しい嫌悪感を持った柳の姿勢を、民藝の同志たちは共有していないのではないか、とやや強い口調で語る。

柳宗悦を考えることは、李朝を語るうえで絶対に避けて通れない絶壁である。

美に向きあう姿勢においてもっとも大切なことは、対象に同情しないこと、対象を道徳的なまなざしで見ないことである。同情や道徳心は、こころをくもらせ、ひとをくもらせ、ものをくもらせる。おそらく民藝の姿勢は、相手（民および民のもの）といかに絶対的に、対等な関係を構築しうるかというぎりぎりの一点に全精神を賭けていたのだと思う。でなければあれほどの美意識の発現と実践は到底できるものではない。

民藝とはまったく異なるが、李鳳來氏の嫌う数奇者や愛好者などの骨董・趣味の世界もまた、安易な同情心からはなれた、ニュートラルな知識の世界のみによってものと向きあおうという姿勢なのだと思う。

だが民藝は倫理となりえ、数奇者はついに倫理となりえないのはなぜか。双方とも、低レベルの感情移入から離脱しようという志向性は同じであるはずだ。

ふたつの道のちがいは、独創性と加速度にあると思う。このふたつは同時に顕現する。つまり、対象を知識で認識するか、直観でとらえるか、という点に独創性はかかっているのだが、この直観は加速度にかかわっている。柳宗悦が沖縄や台湾や朝鮮などの未知の場所に行ってものをつかまえる様子を見よ。それは速度ではなく加速度である。かれの目に美とうつったものに向かって、草原の肉食獣のように飛びかかってゆく。かれには、ものがまずあって、それをうつくしいと認識して、それで飛びつく、という論理回路はない。「うつくしくて飛びつくべきもの」が眼前にだしぬけに出現するのであり、その偶発的な出現とそれに飛びつく行為は同時なのである。陽明学の知行合一そのものである。その加速度の場所に倫理と独創性と美は立ち現われるのであって、蘊蓄や玩物からは倫理と独創性と美は立ち現われてこないのである。なぜなら蘊蓄や玩物では主体と客体が分離し、知と行が分離しているからである。主と客が分離されている場所には距離や速度はあるが、加速度がない。これに対して柳宗悦において、主観と客観は渾然と一体になっており、その主客未分の場に倫理と美が立ち現われる。

倫理を立ち現わす者は孤独である。それは、道徳にへばりつく者がつねに仲間を探して醜く立ちまわるのとは対照的だ。加速度が倫理である。道徳は、倫理ではない。道徳は、動かない。あるいは動くとしても、そこには速度しかない。倫理は、動くのではなく動かす。だから柳が軍国主義に嫌悪を持ち、植民地主義を批判するのも、それは道徳心なのではなく倫理なのであり、美なのである。柳は孤独な加速度だった。

倫理とともに美も加速度であるが、美はときたま、加速度を動かす。それこそ真の美であろう。加速度にくわわる力を加加速度あるいは躍度というので、ほんとうの美は躍度の行為だといってよい。

加速度が倫理や美であり、そのなかで真の美が躍度である。この美は、なににもっとも近いのだろうか。もしかすると、怒りかもしれない。倫理も美も怒りも、ほんとうの倫理や美や怒りに近づけば、仲間を求めない。孤独である。だがそれは孤絶ではない。

4　尹東柱とはだれか

†鴨川と鄭芝溶

吉田から田中へ、そして田中から出町柳に戻る。今出川通を西に行き、鴨川を渡る。

鴨川　十里の河原に
陽は暮れ、沈み
日ごとに　君を見送り
むせびつつ　早瀬の水音

冷たき砂つぶ　かたく握りしめる　冷たきひとのこころ、
握りしぼれ、砕け、晴れぬこころよ

鄭芝溶《チョンジヨン》（一九〇二〜五〇）の詩「**鴨川**《アプチヨン》」（部分）である（訳は小倉）。朝鮮の十里は日本の一里にあたる。

鄭芝溶は朝鮮モダニズム詩人の嚆矢《こうし》といわれる。朝鮮から一九二三年に京都にやってきた。同志社大学に通いながら、詩を書いた。北原白秋に絶賛された。通学路だった鴨川を歌ったのが、詩「**鴨川**」である。

悲哀に関する彼の詩を、金素雲《キムソウン》（一九〇七〜八一）の日本語訳（『**朝鮮詩集**』岩波文庫、所収）で読んでみよう。

不死鳥

悲哀！　爾《なれ》をそも何に喩《たと》へむ
いと深きわが裡に爾は生きたり。
（中略）
わが青春の尽きたるとある日　爾は死にたり
さはあれど爾を葬る石門はあらざりし。
おのがじし燃えのこれる火の跡に翼をひらく

おお悲哀！　爾《な》が不死鳥　わが泪よ。

鄭芝溶は一九二九年に同志社大学英文科を卒業する。その間、後述する第三高等学校の梶井基次郎や、立命館の中原中也とも、今出川通や河原町通ですれちがったにちがいない。朝鮮の若き詩魂と、日本の青いデカダン魂が、京都の街で火花を放っただろう。ああ、一九二〇年代の青春の京都よ！

†尹東柱と京都

この鄭芝溶に憧れた朝鮮の青年が、尹東柱《ユンドンジュ》（一九一七〜四五）である。

尹東柱は満州の間島に生まれた朝鮮人だった。京城の延禧《ヨニ》専門学校で学んだ後、一九四二年に東京の立教大学英文科に入学するが、その後、同志社大学英文科に移る。彼は朝鮮にいたときから詩を書く。だが一九四三年に朝鮮独立を企図したとして治安維持法違反で下鴨警察署に逮捕され、京都地方裁判所で実刑判決を受け、福岡刑務所で服役中の一九四五年二月、二十七歳で謎の獄中死をした。彼の詩は、彼の死後に韓国で刊行され、その清冽な詩語の世界が愛されると同時に、「民族精神」のうつくしき結晶として民族主義的に高く評価される。彼こそ韓国における「国民詩人」の代表であるとされる。

代表作は、次の詩である(訳は小倉)。小学生以上の韓国人ならだれでも知っている。

序詩

死ぬる日まで天をあふぎ
一点の恥づかしさもなきことを、
木の葉に起こる風にも
ぼくはこころわづらつた
星をうたふこころで
なべて死にゆくものを愛さなくては。
そしてぼくに与へられた道を
あゆまなくてはならぬ。

こよひも星が風にかすめ吹かれる。

この詩は、尹東柱自身の詩心の純粋さを表現する作品であるとされると同時に、「清く正しき大韓民国の少年少女」はすべからくこの詩のような道徳的清潔さ、生への愛と繊細さ、純粋な意志、強い使命感を持つべきだ、という意味で、学校教育で重要な位置を占めている。韓国の青少年が公的な場所でこの詩を「嫌いだ」ということは、ほぼ絶対に許されていないといってよい。

わたしは、この尹東柱に関してはかなりいろんなところで、いろんな機会に語っている。どうしても、語らざるをえないのだ。それは、この詩人を取り扱う人びと、特に韓国人の考えに、どうしても強い違和感を抱いてしまうからだ。

わたしの主張は、大雑把にいって、「尹東柱を誤解しないでください」「やっぱり「かわいそう」がってる」「わかりやすい尹東柱をつくりあげないでください」「尹東柱は詩人です」「尹東柱は韓国人だったことはいちどもありません」というものだ。これに関しては、「**あわいとしての朝鮮語**」というタイトルのエッセイの一部として発表したことがある（徐勝・小倉紀蔵編『**言葉のなかの日韓関係**』明石書店、二〇一三、所収）。

このエッセイで語ったのは、尹東柱をめぐる日韓のもろもろの言説に対する違和感である。韓国での尹東柱評価の多くは政治的価値に敗北してしまっている。つまり彼を「日本の圧政に抵抗する民族詩人」ととらえ、その見方がさまざまな権力によって正当化・強化され、しまいにその見方以外の見解に対して排除しようとするようになれば、もうそこには尹東柱という詩人は存在しなくなってしまうのである。
わたしの矛先は、『倚《よ》りかからず』の詩人・茨木《いばらぎ》のり子（一九二六〜二〇〇六）にも向かう。彼女は自分のエッセイで尹東柱を絶賛し、そしてその文が日本の高校の国語教科書に載った。画期的なことだった。日本人に尹東柱という詩人を知らしめた彼女の功績はとてつもなく大きい。だが彼女は尹東柱を一貫して、純粋でけがれのない知的な美青年ととらえている。このことが詩人に対する冒瀆になることを、彼女自身知らなかったわけではないはずだ。彼女も詩人なのだから、「純粋」で「清潔」で「知的」（茨木のり子が尹東柱に関して語った言葉）などという陳腐な概念から、詩などというものが生まれるはずがないことは知悉していたはずなのである。それなのに、尹東柱に関しては筆が甘くなってしまう。それは、尹東柱という傑出した詩人に対して充分に敬意を持った態度とはいえないのだ。

また、尹東柱の「序詩」に関して韓国人に聞くと多くの場合、「この詩の星というのは、韓国人という民族を指している。どんな風にも揺らぐことなく耐え、抵抗する確固たる民族の魂を、尹東柱はうたっているのである。日本によってずたずたにされてしまったが、決してこわれることのない民族の言葉、こころ、生というものを、星という言葉に託してうたったのだ」という。たしかにそのような解釈が成り立つだろう。

しかし問題は、別のところにある。つまり、右のような韓国人の解釈がこの「序詩」に対する大韓民国的な「正答」である、と威圧的かつ声高に主張されるとき、わたしたちはつねにこころして、その「正答」に抗してゆかねばならないということである。なぜなら尹東柱は大韓民国の国民だったことはいちどもないのだ。ということは、国家保安法という法の存在をその中核に置くような国家（大韓民国）における「正答」と、尹東柱とのあいだには、距離が、いや、乖離があるということだ。別の言葉でいえば、詩の解釈に際してまで民族という概念を拠り所にして「正答」を他者に強要し、その「正答」からはずれるような思考を「不道徳的」として排除しようとするような地平と、尹東柱とは、決定的に異次元なのだ。それは日本の治安維持法によって検挙され、最後には福岡刑務所で死亡するにいたった朝鮮の若い詩人のこころを、二重に殺すことになるにちがいない。

尹東柱をどう解釈するかは、自由の領域の問題なのである。何者かが「道徳的な正答」という暴力的な概念をふりまわして、それ以外の解釈や思考を威圧したり排除してはならない。

そのほか、わたしの主張の内容は、右のエッセイを読んでいただければわかるので、ここではそれを繰り返すことはしない。ここでは、右記のエッセイでも語らなかったことを語ろうと思う。過去に語ったり書いたりしたことを再度同じ調子で語ったり書いたりしたくはないからだ。

†尹東柱と馬光洙

わたしはかつて、韓国の延世大学教授・馬光洙《マグァンス》氏（一九五一〜二〇一七）に、「なぜ尹東柱に魅力を感じたのですか」と問うたことがある。馬光洙氏といえば韓国では、女子大生を主人公にした『**たのしいサラ**』（一九九一）という「淫乱ポルノ小説」（韓国での評価）を発表して物議を醸し、保守的な知識人たちの怒髪天を衝《つ》く激昂の渦中で逮捕された人物として有名だったからである。結局彼は最高裁判所で懲役刑を受け、大学を解職された（のちに復職）。彼の詩集『**行こう、薔薇旅館へ**』（一九八九）の官能世界は民主化運動後の韓国人に衝撃を与えたし、エッセイ集『**おれはヤラシイ女が好きだ**』（一九八九）は自己の性的嗜好の世界を赤裸々に語って大ベストセラーとなった。その「淫乱な」馬光洙氏の博士論文は、意外なことに尹東柱論であった。馬光洙氏と尹東柱のあいだには、だれが見ても著しい懸隔がある。「猥褻」（馬）と「純粋」（尹）の落差である。

馬光洙氏のこたえはこうだった。「韓国の小説家・詩人はみなあまりにも政治やイデオロギーに染まりすぎている。自分はそういうのを文学とはいわない。尹東柱こそ、韓国でもっとも政治やイデオロギーから遠いところにいる文学者だ。だからわたしは彼を評価する」。もう三十年近くもまえの会話であるから、馬光洙氏の言葉はこの通りではなかったかもしれない。したがって文責はわたし（小倉）にあるが、ほぼ右のような内容のことを、彼は語った。

この言葉によってわたしの中では、**『おれはヤラシイ女が好きだ』**と「**序詩**」を結びつける一本の糸を見出すことができた。馬光洙氏も尹東柱も、抵抗しているとすればそれは、文学と政治をあまりにも安易に結びつけることへの抵抗なのである。解放後の大韓民国が尹東柱の詩をあまりに政治的に愛国主義化・純粋化して解釈することを、彼は天国で拒否しているにちがいないのだ。

その意味で、馬光洙氏の「ポルノ小説」と尹東柱の「序詩」とは、同じものに向かって叫んでいるのである。「ポルノ」といっても、現在の韓国におけるそれではない。韓国を代表するキリスト教系名門大学の教授が、道徳志向的な圧力の著しく強かった一九八〇年代から九〇年代の韓国社会で、なんと「おれはヤラシイ女が好きだ」と公言したり、女子大生を主人公にした「ポルノ」（括弧つき）を書いたのである。このことの衝撃は、現在のポストモダン化した韓国では実感できようはずがない。馬光洙氏は一九八〇年代から九〇年代の韓国であきらかに、「文学とはなにか」という問いに対してあたらしい姿勢を挑戦的に示したのだった。それは、文学をイデオロギーや政治的価値から解放するという運動であった。

わたしの文学観も、馬光洙氏とほぼ同じものだ。尹東柱の詩をあまりにも民族や歴史やイデオロギーと結びつけすぎるのは、尹東柱という詩人に対する冒瀆なのである。

また、尹東柱の詩を「純粋性」という観念から解放することもしなくてはならない。尹東柱という詩人は、「純粋な韓国の魂」ではないのである。彼の詩語は、日本文学や日本語を通した西洋文学の血肉がなければ、決して結晶しえなかった偶有性の産物だったのだ。京城での専門学校の授業が終わると、明治町（今のソウル明洞）の音楽喫茶で三好達治の詩や日本語のキルケゴールを読んでいた尹東柱。そのつむぎだす言語は、あえていえば「純粋」なものではなく、極端に異質なものが混ざり合った「不純性」そのものだったのである。「不純」という言葉に抵抗感があるのなら（ほんとうはあってはならないのだが）「ハイブリッド性（異種混淆性）」といってもよいだろう。

そして一九四五年に死んだ彼は、その生涯に一度たりとも、大韓民国（一九四八年建国）の国民だったことはない。またそもそも彼の朝鮮語は、現在の韓国語とは異なる。中国東北部の朝鮮語なのである。それは現代ソウルの言葉を正統だとするなら、異質な、「まちがった韓国語」なのである（韓国のソウル言葉を正統と考える韓国人が中国朝鮮族の朝鮮語を「まちがっている」と規定するという証言をわたしは朝鮮族からよく聞く）。

尹東柱や詩や朝鮮あるいは朝鮮語とは、何かを代表する（represent）ものではない。何かを代表・表象する（represent）と考えた途端に、本体と表象、そしてその間の屈折やゆがみ、妨害などという政治的な観念にしばられてしまう。

そうではない。尹東柱や詩や朝鮮あるいは朝鮮語とは、何かを代表するのではなく、異質で多様な知覚像の〈あわい〉に立ち現われるものなのである。そしてその立ち現われこそを〈たましひ〉と呼ぶのである。

「ポルノ小説」と「**序詩**」を同列に並べるなどということは、「純粋主義者」たちからすれば真に激怒すべきことであろう。しかしそのような政治道徳的世界観から尹東柱を解放しないかぎり、彼はつねに政治や権力によって利用されるだけの、「かわいそう」で「未完成」で「純粋無垢」な「魂」として扱われてしまうだろう。そして彼が二十七歳で死んだとしてもすでに完成された詩人であったことを認識させなくさせつづけるだろう。

「魂」は本質という概念と強く結びついている。だが、〈たましひ〉は、人間は知覚像の束にすぎないという世界観にもとづいている。このことに関しては、拙著『**〈いのち〉は死なない**』（春秋社、二〇一二）において語ったのでここに繰り返しはしない。

尹東柱を本質化しようとするあらゆる政治的権力に抵抗することこそが、尹東柱を生かすことなのである。そのように考えると、民族的道徳心から悲憤慷慨して尹東柱の「魂」

の純粋さを叫ぶひとびとが、ほんとうはいかに尹東柱からかけ離れたひとびとであるか、よくわかるであろう。

馬光洙氏は孤立無援のまま、悲哀と絶望とを抱え、二〇一七年にソウルの自宅でみずから生を絶った。

第三章

御苑から丸太町通まで

頼山陽像（帆足杏雨筆、京都大学総合博物館蔵）

1　桓武天皇と京都

†桓武天皇の遷都

周知のとおり、平安京は桓武天皇が長岡京の次につくったみやこである。

桓武天皇が平城京から長岡にみやこを遷したのは七八四年。なぜ長岡の地にみやこをつくったかに関しては、桓武天皇自身が、「朕《われ》、水陸の便《たより》あるを以て都を茲《こ》の邑《ゆう》に遷す」（『**続日本紀**《しょくにほんぎ》』巻三十九、桓武天皇、延暦六年十月）といっているのでわかりやすい。葛野川《かどのがわ》（桂川）・宇治川・木津川が長岡京のすぐ南の大山崎で合流し、きわめて水量ゆたかな滔々たる淀川となって難波へとつながるのである。水上交通がもっとも効率的だった時代にあっては、この地はなんといっても交通の要衝だったのだ。難波から東国へいたる主要なルートが、平城京経由からいまの滋賀県を通るルートに変わりつつあった、という時代背景もあったといわれる。

桓武天皇は七九四年、宮城を長岡京から葛野《かどの》郡宇太《うだ》邑《むら》に遷した。「この地は形勝、山河襟帯し、自然にして城を成す。宜しく山背を改めて、山城国となすべし。士民謳歌し、称

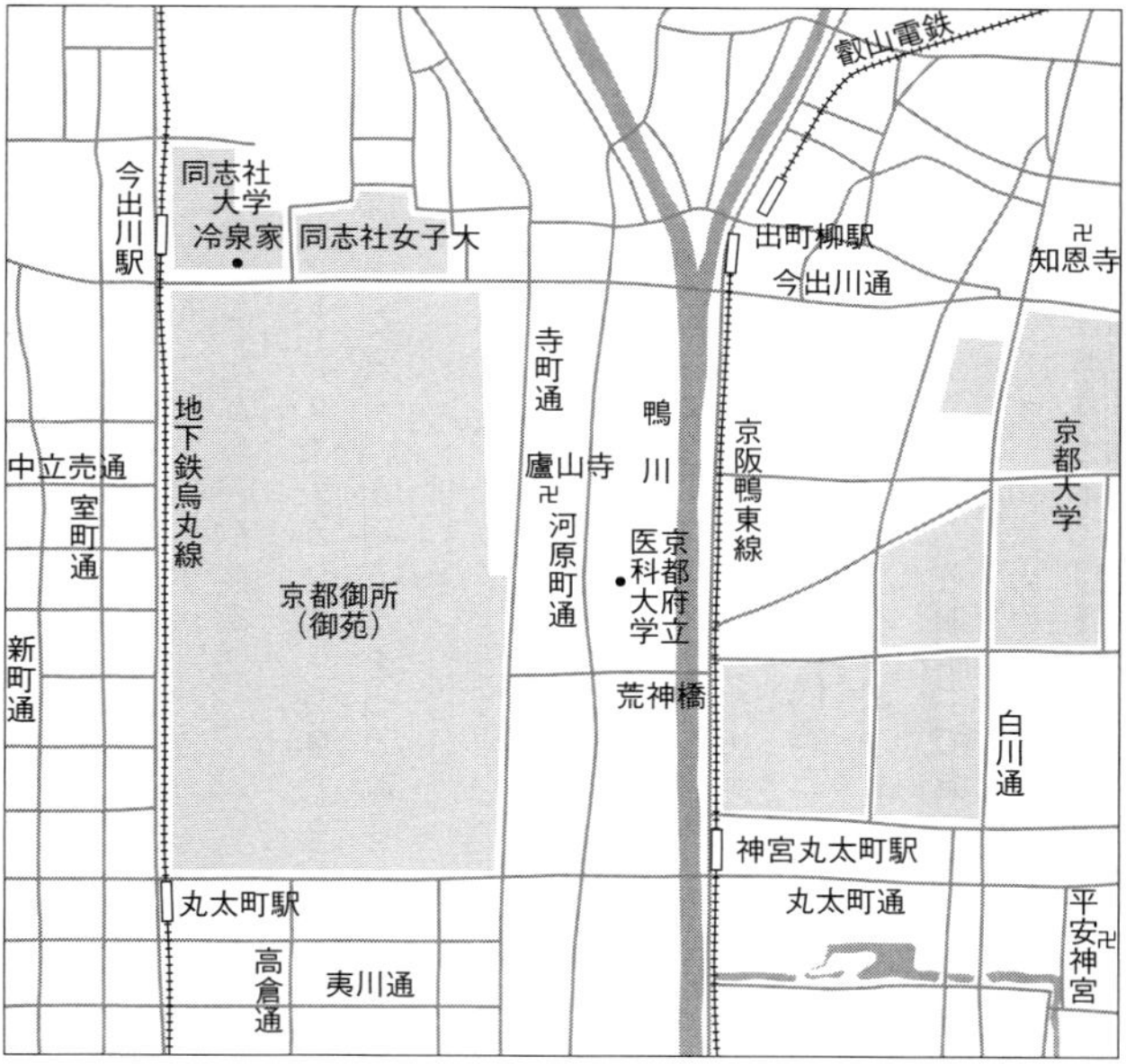

地図４

して平安と曰ふ」（頼山陽、『**日本政記**』巻之五、桓武天皇）。つまり自然の城としての地形のよさが、ここにあたらしいみやこをつくった理由であった。別の史料では天皇は水利のことにも言及している。

　桓武天皇の生母は、高野新笠《たかののにいがさ》である（高野姓を受ける前のもともとの氏は百済系の和《やまと》氏）。いま（二〇一九年二月）の今上天皇、二〇一九年五月以降の平成天皇が二〇〇一年に有名な「ゆかり発言」で言及したように、高野新笠は百済の武寧王の子孫であった。

百済系のひとたちは、治水の技術を持っていたとされる。それで桓武天皇の母の系統の百済系のひとたちの技術を使って、この山背の地に初めてみやこをつくることができたのだと考えられる。また、もともとこの葛野を開拓して確固たる基盤を持っていた秦氏の治水の技術をつかったともいわれる。

六六三年の白村江のたたかいで、倭軍は無残にも惨敗するわけだが、結局その悲哀が、百三十年後に平安京というみやこをつくらせたのだともいえる。

†桓武天皇とグローバリズム

なぜ桓武天皇が平城京から長岡、葛野にみやこを移したのか、に関しては諸説がある。先に述べた水利の問題が、もっとも明白で大きな理由であったろう。興福寺、東大寺など奈良の大寺の強大な勢力から離れるためだったというのも有力な説だ。だがもっと大きくいえば、『万葉集』(八世紀後半)に代表される、ようやく花開いてきた日本風の文化から離れるためだったのではないだろうか。中華文明から逸脱しようとする平城京の文化を、正統的なリンガ・フランカ(普遍語)である漢文中心の文明に近づけようとするグローバル化勢力の中心として、桓武天皇が奈良を離れ、長安を模したみやこを造営したのではないか。そしてその背後には、百済があった。

平安時代のはじめは、漢文文明全盛期の時期であった。せっかく果実を結んだ『**万葉集**』の和語的世界は、ほぼ忘却されかかった。漢詩や正統的な中華文明が、『**万葉集**』的世界観を駆逐したのだ。

その後一世紀以上を経、紀貫之《きのつらゆき》（八六六または八七二〜九四五？）の時代になって和語的文化の台頭が顕著になってくる。いわゆる国風文化である。だが、それはなぜだったのだろうか。どうして十世紀になって国風文化が台頭してきたのか。その背景には、朝鮮半島において新羅が極度に中国化していく過程と、京都の百済系のひとびとの反新羅＝反中国の意識が隠微に連動していたのではないだろうか。

たとえば朝鮮半島では、こういうことが起きていた。新羅は唐と連合して六六〇年に百済を、六六八年に高句麗を滅ぼす。この時点をもって「新羅が朝鮮半島を統一した」という認識が韓国でも日本でも主流だし、韓国では「統一新羅」という呼称を用いている。だが、「統一新羅」は実は高句麗の広大な版図（現在の中国東北部）をすべて失っており、朝鮮半島の北部も勢力下には収めていない。七世紀終わりには現在の中国東北部に、朝鮮半島の北部を含むかたちで渤海が成立している。このことを踏まえて北朝鮮では、「新羅は中国の唐と野合して同じ朝鮮民族の百済、高句麗を滅ぼした民族反逆者の国家であり、領土的にも高句麗の故地を失ったので朝鮮を統一してもいない。朝鮮半島をはじめて統一したのは、高句麗を継承した高麗であり、その高麗を継承したのが朝鮮民主主義人民共和国である」という歴史観を堅持しており、「統一新羅」という呼称ももちろん用いない。

白村江の戦いの勝利後、新羅と唐の連合関係は解消され、両国は敵対関係にはいる。劇しい攻防が繰り広げられるが、新羅が唐を撃退し、両国の中間に渤海国が成立した七世紀終わり以後、両国関係は安定期にはいる。その後新羅は急速に唐化する。唐の科挙を受けて唐の官僚になる人物も増える。著しい変化のひとつが、新羅語の変容である。新羅語の音韻のなかに中国語の音韻が大量に流れ込み、新羅語の発音が複雑化したことがわかっている。現在の朝鮮語に見られる子音の三項対立（平音・激音・濃音）も、この時期に登場したといわれる。

新羅文化の中国化は、唐との接近によって必然的にもたらされた結果であった。翻って日本ではなにが起きたのか。

新羅による百済滅亡後、日本に亡命した百済の王族・貴族たちは新羅に対する憎悪を増幅させた。白村江の敗戦以後は、新羅を武力で滅亡させる企図は挫折したが、外交的に新羅を圧迫する方策をさぐる。だが朝廷としては、天武天皇（在位六七三〜六八六）、持統天皇（在位六九〇〜六九七）から以後は、新羅に対して接近するようになる。あきらかに天智天皇（在位六六八〜六七二）の親百済路線を強引に変更したわけである。

奈良時代は親新羅路線と同時に、「第一次国風文化」の時代でもあった。『**万葉集**』の成立がその典型的な例だが、そのほかにも、『**古事記**』や『**風土記**』の成立も大きな文化的できごとであった。ここが、日本と新羅の違いだった。新羅の文化が中国化していく時期に、日本文化は中国からの離陸を準備していた。

この「国風化」を快く思っていなかったのが、桓武天皇だったのではないか。奈良時代をほぼ支配した親新羅の天武天皇の系統（文武天皇、元正天皇、聖武天皇、孝謙天皇、淳仁天皇、称徳天皇）から男系皇太子を出せなくなって、親百済の天智天皇の系統が復活したのが、桓武の父の光仁天皇であった。桓武は、奈良の「親新羅」と「国風」の並進路線を嫌い、中国のグローバルなスタンダードを基盤にして「親百済」と「中国化」の並進路線を突き進もうとした天皇だったのではないか、というのがわたしの推測である。

だが平安京のグローバル戦略は、遷都後ほぼ百年経って、「第二次国風化」の波に飲み込まれていく。その絶頂が、紀貫之らによる『**古今和歌集**』であった。それは、桓武のグローバル化戦略が、実は新羅の中国化＝グローバル化戦略と同じ方向にあって、しかも新羅の言語・文化が急速に中国化していっていることへの危機感が、桓武以後の平安京のひとびとに共有されたからではなかったろうか。

あくまでもわたしの仮説である。

†世界都市・平安京

さて、そもそも京都＝平安京を、世界のなかに位置づけてみるとどうなるか。

中国の長安を研究している妹尾《せお》達彦氏（中央大学教授）の見解から学ぶことが多い。西暦八世紀に世界でもっとも大きな勢力を誇った都市は西からコンスタンティノープル、バグダッド、長安だが、妹尾氏によれば、このどれもが似たような緯度に位置し、それぞれ異なる普遍宗教の世界観を体現していた。京都はこれらの世界都市の延長にあるのだという。

この時代の世界都市が、ユーラシア大陸の同じような緯度にベルト状に形成された理由は、まずなによりも、それらの都市が北方の遊牧文明と南方の農耕文明の境界にあったため、双方の生産物と文明が流入して交錯する境域都市であったからだ、と妹尾氏はいう。そしてそのような異質な文物が交錯すると、ゆたかさと同時に紛争も生じるので、それを調和させるためにキリスト教、イスラム教、仏教という普遍宗教がそれぞれの超越者を設定したのだという。

そして京都は、これらの境域都市のベルトの東端に出現した世界都市だったのだ、という。ただし京都の場合は、遊牧文明と農耕文明の境界にあったとはいえない。そこがコンスタンティノープル、バグダッド、長安とは違う点だろう。むしろ京都は、海洋文明と農耕文明の境界にあったといったほうがいいと、わたしは思う。

妹尾氏によれば、八世紀の三大世界都市の時代が過ぎると、内陸の境域都市の勢力よりも、海洋に近い都市がむしろ世界都市の性格を持つようになる。京都はむしろ「脱八世紀」の性格を持つ大都市だったのではないか、というのがわたしの考えだ。

†風水地理、背山臨水

平安京が国際性を持っているもうひとつの証左は、そのかたちにある。長安を模した碁盤状の都市であったことはもちろんきわめて重要だが、ここで強調したいのは、その地形的な特徴である。

桓武天皇は葛野にみやこを移す際に、いまの将軍塚の場所から、この地を眺めおろしたという。そのときに、なにを考えたか。

彼がなぜ葛野にみやこをつくりたかったかというと、ひとつの大きな理由は風水であったろう。風水は道教の考えである。明堂といわれる場所が、風水地理的にいうともっともよいところ。ひとの家（陽宅）としても、墓（陰宅）としてもいい場所だが、みやことしてもよい。みやこは帝王のいる場所であるから、その国のなかで風水地理的に一番よい場所にみやこをつくりたい。葛野一帯は、風水的にはまたとなくよい場所なのである。平安京以前にも日本にはみやこはたくさんあったが、こんなに長くみやこが続いた場所がほかにないという意味では、やはりここは風水的に特別によい場所だったのだろう。

風水の観点からいえば、京都は完璧である。西（白虎）は愛宕山、嵐山。東（青龍）は比叡山、東山。北（玄武）は鞍馬の山である。南（朱雀）は平らに開けている。水がY字になって北から南へ流れる。これが明堂の基本である。よくこんな完璧な明堂を見つけたな、と思う。なにしろグーグルマップがない時代なのだから。風水師という類のひとが見つけたにちがいない。

あまり注目するひともいないようだが、平安京とその周囲の地形は、韓国の首都ソウルと酷似している。地図を重ね合わせれば、一目瞭然である。ソウルは、四世紀前半に百済のみやことなった場所だ。風水地理における明堂の地形そのものである。

明堂が何を表すのかというと、女性器である。真ん中が窪んで、左右と北側に山があって窪みを囲んでいる。南は平らに開いている。川の流れはどの明堂でも必ず同じ、Y字型である。風水師というのは全国を歩きながらこういう地形を探すわけだ。

中央に川があって、これが溢れるから、治水の技術を使って氾濫しないようにしなくてはならない。治水の技術がないと、ここをみやこにできない。渡来系のひとが治水の技術を持っていたのは、この明堂をみやこにするときに大いに役立った。

明堂の真ん中のところを、風水地理的に穴《けつ》という。穴というのは、みやこの真ん中に一カ所穴が開いていて、そこの地下から地上、天に向かって垂直に陰のエネルギーが溢れ出てくる場である。この穴という場所に王宮をつくる。ソウルも京都も同じである。しかし、女性（陰）だけではなにも生まれない。男性（陽）はどこにあるかというと、北の山から南に向かう方向に精気というものが流れる。これは気のエッセンスである。エネルギーのもっとも強い陽のエッセンスが北から南に猛烈な勢いで流れている。そうすると、この男性的な陽のエッセンス、エネルギー、気が、穴のところで女性の陰のエネルギー、気と出会うことになる。その場所で大人物、つまり偉大な王が生まれる、というのが風水地理の考え方である。

風水師は、掌《てのひら》を地面にかざして、大地のエネルギーを感知し、「ここが穴だ」とわかるのだそうである。国土を有機体的に見て、そして有機体の一番中心部にみやこをつくる、という考え方だ。それは完全に中国的な考えである。この平安京は、碁盤目の構造だけでなく、風水地理的な意味でも、中国的な考え方によってつくられているわけである。

なお、平安京の穴は、昔は西にあったが、今は東に移っている。大内裏が東に移動したからである。大内裏のまんなかが穴なのだから、もともとの穴は、今の西陣の中立売通《なかだちうりどおり》あたり、つまり今西錦司《いまにしきんじ》（一九〇二～九二）や梅棹忠夫《うめさおただお》（一九二〇～二〇一〇）や都はるみ（一九四八～）が生まれたあたりなのではないか。西陣あたりからどうもすごい人物がたくさん出るなあ、という感じを、風水地理的に説明できるのだろうか。

知らぬ。

2　御苑・富小路広場——紀貫之と『古今和歌集』

†塚本邦雄と定家

出町柳を過ぎて、今出川通を西に行けば、北側に同志社女子大学がある。さらに行くと、同志社大学である。そのキャンパスの南端にあるのが、冷泉家《れいぜいけ》だ。藤原定家《ふじわらのていか》（一一六二～一二四一）の家系を継ぐ、歌の名門である。


中学生のころ、定家が好きだった。

定家だけではない。藤原良経《ふじわらのよしつね》と後鳥羽院にもまた、熱狂したといってよい。

もちろん中学生のわたしがこの三人を「発見」したわけではない。塚本邦雄《つかもとくにお》（一九二〇～二〇〇五）という絶対的な案内人がいた。日曜の午前にはよく、塚本を読んだ。言葉が絶美でありうるということを中学生のわたしに教えたのは、三島だったかニーチェだったか塚本だったたか。

塚本との出遭いは偶然だった。父の本棚に塚本邦雄の『**花隠論　現代の花伝書**』（一九七三）があり、ふとその本のページをめくった次の瞬間には、すでに虜《とりこ》になっていた。この本を思い出すとき、多感な中学生の日曜の午前、どこからかピアノの音が聞こえてきて、窓から風がはいってくると、本のページがめくれて印刷された言葉を揺らしているようだった記憶がよみがえる。

たとえばこの本で塚本は、定家二十五歳の絶唱「**見渡せば花も紅葉もなかりけり浦の苫《とま》屋《や》の秋の夕暮れ**」に関して次のように語る。切羽つまった美とニヒリズムが炸裂するこのような文章に、心底憧れない中学生がどこにいようか！

二十五歳の定家は花と紅葉を無生誕のメディアとしてふりかざさねばならなかった。しかし言葉は恐ろしい。いくら無しと切棄てても、一度見た花、一度ひびいた紅葉の幻像はこの時間のなかにあざやかに痕跡をとどめ、それは否定することによってより明らかに顕《た》つのだ。まことは言葉すら空しい。花も紅葉も苫屋もすべて無用の空白の世界をこそ示現すべきであった。定家の歌も定家自身の精神の変転深化につれて、いくたびか真意を変えて行ったことであろう。詩歌の未練であり陥穽であり業である。花と記し紅葉と口遊《くちずさ》み苫屋と歌わねば表現のまことに触れ得ず、なかりけりとことわらねば心を尽し得ぬ不如意に、万葉以後の選ばれた詩歌人はひとしく臍《ほぞ》を嚙み続けて来たのだ。(「花隠」)

たしかにわたしは、塚本邦雄フリークだった。強烈な日本語ナショナリストであった。中学三年生くらいから、文を書くときに旧仮名・旧漢字を使うようになったのも、三島と塚本の強い影響にほかならない。高校生のときには国語の先生から、「きみは大学入学試験の答案も旧仮名・旧漢字で書くのか」と問われて「そうです」と答えた。先生「採点でバツになったらどうする」。わたし「それでもいいです」。そしてそのようにした。大学入試では、国語だけでなく、数学や英語や社会の答案まで旧仮名・旧漢字で書いた。そして、受かった。おおらかな時代だったのかもしれない。一九七〇年代のことである。

†紀貫之の路線

御苑にはいる。そぞろ歩きが似合う場所である。東南方向にずっとそぞろ歩いて行くと、富小路広場に出る。野球場などがあって、御苑のなかでは活動的な雰囲気の漂う場所である。ここは紀貫之《きのつらゆき》の邸があった場所といわれる。往時の平安京左京一条四坊十二町である。紀貫之といえば『**古今和歌集**』と『**土佐日記**』であろう。紀氏はもともと武の家系であったが、貫之の頃には武の誉れからは遠ざかり、文の道をかがやかす人材が輩出するようになる。

『**古今和歌集**』が成ったのは九一〇年代のこととされる。紀貫之らに勅撰和歌集の編纂が命ぜられた。まさに十世紀の京都の幕開けを飾るにふさわしい、華麗なできごとであった。

これは先に述べたように、桓武天皇のグローバル化路線から反グローバル化へと、日本文化が大きく舵を切った証左である。もちろん平安文化の主流はその後も、あくまでも中国風であった。日本風が主流になったわけではない。しかし先に述べたように、同時代の新羅と比べると、その進む道は大いに異なった。日本列島が文明的な意味で、中国大陸から東の海上に移動したといってもよい。

時代が下って一二〇一(建仁元)年、十三世紀のはじめに藤原定家が詠んだ次の歌は、このことを語っているのかもしれない。

あきつしま外まで波はしづかにて昔にかへるやまとことの葉　　藤原定家

†『古今和歌集』仮名序の世界観

『**古今和歌集**』といえば、その仮名序《かなじょ》、真名序《まなじょ》が有名である。特に紀貫之が書いた仮名序は、その後の和歌の哲学、もっと大きくいえば日本哲学の基底のうちのある部分を明確に語ったという意味で、非常に重要な文章である。これに比べれば、『**新古今和歌集**』の序（藤原良経が書いた）はずっと力が弱い。

きょうは天気がよいので、御苑を散歩しながら、『**古今和歌集**』の仮名序を読んでみよう。

和歌《やまとうた》は、人の心を種《たね》として、万《よろず》の言《こと》の葉《は》とぞなれりける。世の中にある人、事《こと》・業《わざ》しげきものなれば、心に思ふ事を、見るもの聞くものにつけて、言ひいだせるなり。

この有名な言葉は、ふつう、次のように解釈されているようだ。

「和歌というのは、ひとのこころが種となって、つまりひとのこころに思い浮かんだものがもとになって、たくさんの言葉になったものである。世の中のひとは、いろいろとすることが多いので、こころに思うことを、見るものや聞くものに託して、言葉として発したのである」。

だがこういう解釈は間違いであると、わたしは以前、『〈いのち〉は死なない』（春秋社、二〇一二）という本のなかで語った。なぜならこういう解釈だと、和歌が本来持っているアニミズム的な世界観が消えてなくなってしまうからである。右の本でわたしが試みた、仮名序の意訳は、以下のようなものであった（文言を一部変えた）。

「やまとうたというのは、ありとあらゆるイメージのなかから、人びとが〈たましひ〉として感知したものを〈こころ〉に登録し、それを言葉で表現したものである。だから言葉は無数といってよいほどかずおおいが、それでもイメージの複雑多様さにくらべればその全体を表現したものではない。それゆえに「ことのは」というのである。世の中にあるひと、つまり世界の〈多重主体性〉にかかわっているひとびとは、一瞬一瞬、じつに無数といえるほどのイメージにさらされ、それを使って生きている。このことを「わざ」という。だからこれらのイメージのうち、〈こころ〉に〈たましひ〉として立ち現われるものを、見るものや聞くものの運動として、定着させるのである」。

おわかりいただけたであろうか。ここには、言葉というものに対するニヒリズムがある。「はじめに言葉ありき」の世界とは正反対なのである。

さあ、仮名序をさらに読んでみよう。

花に鳴く鶯、水に住むかはづの声を聞けば、生きとし生けるもの、いづれか歌をよまざりける。

この言葉を、「人間だけでなく、鶯や蛙までが歌をよむのだ」と解釈してしまうと、日本文化を理解できない。逆である。「鶯や蛙、生きとし生けるものすべてが歌をよんでいる。しかしそこには言葉は必要ない。人間だけが、言葉という余計なものを介在させて歌をよんでいるのだ」と解釈しなければならない。人間中心主義ではないのだ。生きとし生けるものの歌のほうが、ほんものなのである。

力をも入れずして天地を動かし、目に見えぬ鬼神をもあはれと思はせ、男女のなかをもやはらげ、猛き武士の心をもなぐさむるは、歌なり。

この前半部分は周知のとおり、中国古典の『詩経』大序の言葉、「動天地、感鬼神」を日本語にしたものである。最近の日本文学研究者は、こういう部分をとって、「中国からの影響」を過度に強調する習癖がある。なさけないことだ。表面的な類似を超えて、その根底で支えている哲学を読み取れなくてどうするのか。ここで紀貫之がいいたかったことは、『**詩経**』の世界観とは異なることである。

紀淑望《きのよしもち》（?〜九一九）が書いた『**古今和歌集**』の真名序には「**動天地、感鬼神、化人倫、和夫婦、莫宜於和歌**」とある。これはあきらかに、先に引用した『**詩経**』の言葉と、同じく『**詩経**』の「**先王以是経夫婦、成孝敬、厚人倫、美教化、移風俗**」を下敷きにした言葉である。ただ、仮名序には、『**詩経**』大序や真名序のような「人びとを教化して人倫・風俗を正す」という発想はほとんどない。この仮名序が、『**古今和歌集**』の本懐だと考えてよいだろう。そもそも『**詩経**』に収められた詩自体も、「人倫を正す」という発想のもとによまれたものは多くない。しかしそれらが『**詩経**』という経典に編集される過程で、「人倫を正す」という儒教的なイデオロギーの衣を着せられてしまったのである。

仮名序は、『**詩経**』の編纂過程以前の詩歌の世界を希求して書かれたと見るべきだろう。ここには、人間社会の秩序と詩歌のどちらがより根源的なのか、という劇しい世界観上のたたかいがある。仮名序は踏ん張った。詩歌とは、人間社会の秩序形成のための手段としてあるのではない、というぎりぎりの一線を、まもりきった。それをまもれなければ、詩歌は単なるイデオロギー的装置になってしまう。仮名序のすばらしさは、そのことを拒絶した点にこそある。その世界観のたたかいを見ずに、単に表面上、中国古典と似たような文言が綴られていることをもって「中国の影響」を云々するのは、ばかげた認識行為である。

†歌か、社会か

ああ、いい天気だ。秋の日がおびただしく降り注いでいる。『古今和歌集』を読もう。劈頭の一首は、在原元方《ありわらのもとかた》（?〜?）の、

年の内に春はきにけりひととせをこぞとやいはんことしとやいはん

である。和辻哲郎はこの歌を、次のごとく評する。

（この歌は）集中の最も愚劣な歌の一つであるが、しかし『古今集』の歌の一つの特性を拡大して見せていると言える。それは、ここで歌われている「春」が、直観的な自然の姿ではなくして暦の上の春であり、歌の動機が暦の知識の上の遊戯に過ぎぬという点に看取される。（中略）（この歌は）季節循環の不思議さに対してはもはや何らの感情をも抱くことのできなくなった心が、ただ立春の日と新年との食い違いを捕えて洒落を言

ったに過ぎぬ。それは詠嘆ではない。「人の心を種として」言の葉になったものではない。従って歌ではない。(「『万葉集』の歌と『古今集』の歌との相違について」)

全面的なこき下ろしである。

では、なぜこの歌が冒頭に選ばれたのか。それは、春をめぐる〈第三のいのち〉の感性を、端的にあらわす歌だからなのだ。そして和辻哲郎はこのことがわからない人だった。

この「春」は、通常の解釈では「立春」を意味する。「ふるとしに春たちける日よめる」と元方自身がいっているためだ。が、それだけでは歌全体が理に勝ちすぎてしまう、とわたしは思う。たしかに『古今集』の歌は『新古今』なんかにくらぶれば理が立ちすぎてしまっている傾向が強くあるが、それにしてもこの「春」を「立春」とするだけでは興ざめすぎる。ここはやはり「立春」であると同時に「春のけはい」でもあろう。だれよりも先に元方が、年が明けていないのに春のけはいを感じとってしまったのである。そして「春は来にけり」という言の葉を発してしまったのであろう。そうすれば、〈いま〉をまたがって継起しているこの一年を、去年といってよいのか、今年といってよいのか、と迷うことになる。ここで元方がなにを語っているかというと、去年だとか今年だとかという暦上の区別は、公的な社会秩序の形成・維持のためにもっとも重要な基準のひとつであるが、歌にとってはそれはさして重要ではない、「春が来た」という体感こそが重要なのだ、という宣言なのである。歌はまことに、現実の社会秩序（ここでは暦）を破壊する力まで持つ。その歌の怪力への讃歌を、ここでは伝えているのだと見るべきであろう。

これが、和歌の力である。まことにこの一首を劈頭に置いた『**古今**』の編者の気概を感じとらねばならぬ。

なお、『**古今**』の段階では「春」は「春」である。だが『**新古今**』になるとすでに「春」は単純な「春」ではなくなる。「春」がなにを指すのか、わからなくなってくる。藤原定家などは、あたかも西洋中世における唯名論の迷路のような世界に、沈潜するようになる。「春」は実在するのか、それとも名ばかりなのか、という疑念である。

さて、富小路広場に別れを告げて、こんどはどこに行こうか？

3　廬山寺――『源氏物語』の「あはれ」

†紫式部のいた場所

寺町御門から御苑を東に出る。すぐに北へ上がってみよう。少し上がると、右（東）側に廬山寺《ろざんじ》がある。廬山寺がここに移転したのは、天正年間に豊臣秀吉の命による。平安時代には、紫式部の自邸がこの場所にあったとされる。

『源氏物語』は紫式部によって書かれたとされる。藤原氏出身である紫式部の正確な生没年はわかっていないが、おそらく九七〇年代に生まれて、一〇一〇年代あるいは一〇二〇年代に死んだと考えられている。

この女性が成し遂げえた世界哲学史上における最大の功績は、人間の心理を実に精緻に、その意識の流れの細かなうつろいを含めて、一切の理念的枠組みを設定せずに、書き尽くしたという点にある。その達成が、**『源氏物語』**という長大な小説として永遠に記録された。

彼女の感性は、とにかく尋常ではない。そしてその感性を表現するための彼女の語彙力が、ゆたかすぎる。きめこまかな感情や感覚、形態などを精妙に表現する形容詞が、びっしりと敷きつめられている綴錦《つづれにしき》のような文章だ。言葉のつながりの流麗さが、その言葉ひとつひとつの意味の世界の重層性と化学反応を起こして、文章が実にうつくしい流体運動となっている。

だが、それらのゆたかな形容詞のなかでも、ほかのあまたの形容詞とは異なる審級を持つものが、ふたつだけある。ほかの形容詞が、たとえば「高貴である（やんごとなし）」

「目障りだ（めざまし）」「病がちだ（あづし）」などという具体的な形容内容を持っているのに対し、そういうものを持っていない特殊で不思議な形容詞が、ふたつだけあるのである。それは「あはれ」と「をかし」だ。

だがわたしたちは、この「あはれ」「をかし」というもっとも重要な言葉の意味さえ、実はよく理解していないのではないだろうか。

『**源氏物語**』でもっとも鍵となる言葉は「もののあはれ」であるといったのは、本居宣長《もとおりのりなが》（一七三〇〜一八〇一）である。日本思想の核となる部分が、その解釈には宿っている。

『**源氏物語**』の第一帖「**桐壺**」の冒頭は、人口に膾炙している。いずれの御時《おおんとき》にか、帝が、さして身分の高くない女性を寵愛した。プライドの高いまわりの女たちが嫉妬し、その女性をおとしめる。その怨情の嵐のなかで、その女性つまり桐壺更衣《きりつぼのこうい》は、病いに伏せるようになる。ところが帝は、そのような彼女にますます愛の情を寄せるのだった。この部分（病いに伏せる以下）の原文は、以下のとおりである。

いとあづしくなりゆき、物心ぼそげに里がちなるを、（帝は）いよいよ飽かずあはれなる物に思《おも》ほして、人の譏《そし》りをもえ憚らせ給はず、世のためしにも成りぬべき御もてなしなり。

『**源氏物語**』のどの解説書や現代語訳を見ても、「あはれ」の意味を正確に理解しているものはないように思える。「**いよいよ飽かずあはれなる物に思《おも》ほして**」を岩波文庫（二〇一七）では「ますます帝のたまらない愛情を駆りたて」と解釈している。間違ってはいないのだろうが、「あはれ」というキイワードの本義を把握しえていない。

†「あはれ」と〈いのち〉

「あはれ」は、さきほど述べたように、ほかの形容詞とは異なる審級を持つ語である。それは『**源氏**』を読めばあきらかだ。だからこの語を、具体的な形容の意味を持つ語として苦労して訳してみても、的はずれになる。たとえばこの部分「**あはれなる物に思ほして**」を、岩波文庫のように「愛情を駆りたて」と解釈してみても、意味がわからない。これではダメである。なぜダメなのかというと、「あはれ」という語が使われると、そのつど違う意味内容として解釈してしまうしかないからである。

わたしの考えでは、『**源氏**』における「あはれ」という語は、まさに偶発的な〈第三のいのち〉が立ち現われたことを示す言葉なのである。つまり、「興趣がある」とか「趣深い」とか「心が惹かれる」などと多様な言葉で解釈されるこの「あはれ」をひとくくりでいえば、「あっ、〈いのち〉が立ち現われた」という意味なのである。それは肉体的生命でもなく、また普遍的で永生する霊的な生命でもない。偶発的に立ち現われてすぐに消えてゆくかもしれない、きまぐれな〈いのち〉なのである。

時代が下がると、「あはれ」は「哀れ」という意味、つまり「悲哀」に近い意味に限定した使われ方が多くなる。しかし、**『源氏物語』**の生命感覚は、消えずに残っていく。**『源氏』「帚木」**で、光源氏が「**あはれのことや**」と語る場面がある。これを従来の解釈では、「不憫なことよな」としているが、はたしてそうなのか。

『源氏』の言葉づかいとして、「こと」というのは、その場や空間が、ざわざわとしていて〈いのち〉が生成される様子を表現しているようだ。「ざわざわと」というのは物理的な意味ではない。〈いのち〉の生成の前触れの雰囲気のことだ。「しん」とした静謐も、だから「ざわざわ」になりうる。源氏の「あはれのことや」というのは、「偶発的な〈いのち〉が立ち現われる場の様子だ」という意味なのだろう。

「こと」に対して、「もの」というのは、〈いのち〉が生成されようとしてざわついている様子が、ある具体的なかたちとして立ち現われている事態を語る言葉であるようだ。

†「をかし」と〈いのち〉

それでは「をかし」とはなにか。ふつう「をかし」は「あはれ」と対比され、後者が感傷的な語であるのに対して、前者はより冷静で知的で客観的な感興を表わす語であるとされる。たとえば『**広辞苑**』では「をかし」を、「物事を観照し評価する気持で、「あはれ」が感傷性を含むのに対して、より客観的に賞美する感情」と説明している。

これはこれで説明ができているのだが、これだけだと平安貴族たちの「王朝哲学」の生命感覚に迫りえていないような気がする。

たとえば『**源氏**』「**夕顔**」で、夕顔に霊女が取り憑く直前、光源氏と夕顔が恋の絶頂のときに歌を交わす。うつくしい夕顔が源氏にしなだれかかり、かぼそい声で歌をささやくと、源氏は「をかしとおぼしなす」。この「をかし」は、知的で客観的な賞美を表現しているのだろうか。

そうではないだろう。わたしの考えでは、「をかし」は、「〈第三のいのち〉が立ち現われる予感がする」という意味である。立ち現われるか立ち現われないかは、わからない。〈第三のいのち〉は偶発的で、きまぐれだから。しかし、自分の感性を全開にしていると、もしかするとここに、〈いのち〉がぽっと立ち現われるかもしれないという予感がする。それが、「をかし」なのである。単に「知的な感趣がある」と訳してしまっては、王朝哲学的生命感覚が、あいまいになってしまってとらえられない。

だから、「あはれ」と「をかし」の関係は、単なる感傷性と客観性の関係ではない。〈いのち〉を感じ取る深さ（前者）と浅さ（後者）の関係でもあるし、感傷的に感じ取るのか（前者）知的に感じ取るのか（後者）の違いでももちろんあるし、〈いのち〉への距離感（前者は没入し、後者は離れる）でもあるが、根本的には、〈いのち〉への接近の前後関係（後者が前段階＝予感で、前者が後段階＝生成）なのである。

清少納言の「をかし」も同じだ。

夏は夜。月のころはさらなり、闇もなほ、蛍の多く飛びちがひたる。また、ただ一つ二つなど、ほのかにうち光りて行くもをかし。雨など降るもをかし。（『枕草子』）

人口に膾炙したこの文は、

夏は夜（に、〈いのち〉が立ち現われる感じがする）。月が出ているときは、なおさらだし、闇のころもまた、蛍があまた飛び交っている（のが、〈いのち〉が立ち現われそうでよい）。また、たったひとつかふたつの蛍がほのかな光りを発しながら飛び交うときも、まさに〈いのち〉が立ち現われる予感に満ちる瞬間だ。そのとき雨が降っていれば、いましも

〈いのち〉が立ち現われそうでどきどきする。

という意味なのである。清少納言が「知的」といわれるのは、彼女の「をかし」が〈いのち〉と安易に一体化せず、〈いのち〉が偶発的に立ち現われるその気配と予兆を、繊細な感性を全開にして客観的に記述しえたからなのである。

のちに藤原俊成が歌合の判詞で「をかしく侍り」という言葉をよく使ったのも、同じ意味ではないだろうか。塚本邦雄は、「「をかし」「めづらし」は幽玄の内包すべき一要素に**過ぎない**」というが（『**藤原俊成　藤原良経**』）、そうだろうか。俊成は歌合で、「左、をかしく見え侍り」のひとことで勝ち負けを決めているのだから、この「をかし」は歌の〈いのち〉を判定する決定的な言葉だったと見たほうがよいのではないか。

4　中原中也と頼山陽

†中原中也

盧山寺を出て、再び河原町通を南に下る。

左（東）側に鴨川が流れる。きょうは天気がよいので、ずんずんと歩む。荒神橋《こうじんばし》を越えてすぐ南にあるのが丸太町通。

立命館の中学生だった中原中也《なかはらちゅうや》（一九〇七〜三七）が、はじめてダダイズムの詩を知ったのは、丸太町通の橋のたもとにあった本屋で高橋新吉《たかはししんきち》（一九〇一〜八七）の『**ダダイスト新吉の詩**』（一九二三）に偶然出遭ったときだった。その後彼は、デカダンな詩人への道をまっしぐらに進む。魔性の女・長谷川泰子《はせがわやすこ》（一九〇四〜九三）と同棲を始めたのは一九二四年、彼が十七歳になる年だった。小さな劇団の女優であった泰子は、中也より三つ年上。東京は前年、関東大震災の阿鼻叫喚を経験してその栄華が終わりつつあったが、京都はまだ、大正モダンとデカダンと疾風怒濤《シュトウルムウントドランク》の真っ最中だった。というより、関東大震災と治安維持法（一九二五年施行）によって居場所がなくなった東京の共産主義者やアナーキストたちが、こぞってこの頃、京都に移住したのだった。だから京都は一気に赤く染まり、アナーキーな雰囲気を色濃くした。

梶井《かじい》基次《もとじ》郎《ろう》（一九〇一〜三二）が第三高等学校での燦爛たるデカダン生活を畳んで東京帝大に退却したのも一九二四年で、彼は京都寺町の果物屋の檸檬《れもん》をその年に小説にした。炸裂弾のような処女短編「**檸檬**」である。過剰にアナーキーで、過剰に浪漫的で、過剰に過剰な最後の青年たちが、この時代の京都には不埒《ふらち》に跋扈《ばっこ》し、勝手にてんでに狂ったように悲哀していた。このまちはまさに、「アナーキー京都」「デカダン京都」「炸裂京都」だった。

汚れつちまつた悲しみは
なにのぞむなくねがふなく
汚れつちまつた悲しみは
倦怠《けだい》のうちに死を夢む

汚れつちまつた悲しみに
いたいたしくも怖気づき
汚れつちまつた悲しみに
なすところもなく日は暮れる……
（「汚れつちまつた悲しみに……」）

という中也の絶唱は、たしかに彼のデカダン京都経験がなければ出てこなかった。

いかに泰子、いまこそは

しづかに一緒に、をりませう。
遠くの空を、飛ぶ鳥も
いたいけな情け、みちてます。

（「時こそ今は……」）

と後年、中也は歌った。泰子はだが中也を捨て、小林秀雄《こばやしひでお》（一九〇二〜八三）のもとに走る。捨てられた中也のこころは錆びて、紫色になる。

冬の夜に
私の心が悲しんでゐる
悲しんでゐる、わけもなく……
心は錆びて、紫色をしてゐる。

（「冷たい夜」）

中也は悲哀の詩人としてますます結晶度を高める。「骨」では「ホラホラ、これが僕の骨――／見てゐるのは僕？　可笑しなことだ。」という。「ゆきてかへらぬ―京都―」という詩では「僕は此の世の果てにゐた」と語った。まさに京都こそ、この世の果てだった。悲哀の果てだった。

†頼山陽と大塩平八郎の友情

荒神橋の西詰から南に下がると、頼山陽《らいさんよう》（一七八一～一八三二）の居宅があった場所である。通りからは少し離れているが、鴨川側からも眺められる。

頼山陽は傑出した硬骨の歴史家であった。代表作は無論、不朽の名著『**日本外史**』（一八二六年完成）であり、この書は後の尊王攘夷運動に大きな影響を与えた。彼の書斎からは鴨川と東山を眺めることができ、その絶景から「山紫《さんし》水明処《すいめいしょ》」と名づけられた。なお、この場合、「鴨川」は「かもがわ」でなく、漢文調で「おうせん」と読まねばならない。

彼の交遊はまさに京坂の一大文人相関図の様相を呈していた。十八世紀後半の日本文化界には巨人・木村《きむら》蒹葭堂《けんかどう》（一七三六～一八〇二）がいた。彼が築いた文人ネットワークには、当代一流の綺羅星のような文化人が網羅されていた。頼山陽の父・春水もまたそのなかのひとりであった。山陽のまわりには、この蒹葭堂のネットワークの次の世代を引き継ぐ文人たちが集《つど》ったのである。なお、木村蒹葭堂とそのまわりの文人たちは、朝鮮通信使の一行として日本に来た朝鮮当代随一の文人たちとも親しく交際し、東アジア文人ネットワークの要として活躍もした。近年、その実態に関する研究も日韓両国でさかんになってきている。

頼山陽のまわりに集ったのは主に文人たちであり、詩文書画を娯《たの》しんだのだったが、ひとりだけ毛色の変わった人物がいた。しかもこの人物は、自ら山陽のサロンに出入りしたのではなく、山陽自身が、自分より十二歳も年下のこの人物のところに魅き寄せられるように何度も通った。それは大坂の大塩中斎（平八郎、一七九三〜一八三七）である。大塩は陽明学者であり、天保七年から八年（一八三六〜三七）の大飢饉に際し、困窮する民衆を顧みない腐敗した官吏と豪商をたたきつぶすために武装蜂起して失敗、大坂の町を火の海にして自らも養子とともに自決した。

山陽が結んだ友情のなかでももっとも感動的なのは、大塩中斎とのあいだのものだった。単なる文人の風雅な交わりではない。歴史の構築に全生命を賭けた男（頼）と、良心の実践に全生命を賭した男（大塩）との、純全たる魂と魂のぶつかりあいであった。

山陽は大坂の大塩をたびたび訪《おと》ない、大塩から王陽明全集を借りたり、濃密な交流をした。大塩が京都の山陽を訪ねることはなかった、ただ一回の断腸の面会を除いては。大塩の『**洗心洞箚記**《せんしんどうさつき》』（一八三三）に、そのことが記録されている。文中、「未刻の箚記」とは『**洗心洞箚記**』のことである。（　）は小倉の補足。

（大塩が山陽に）未刻の箚記《さつき》若干条を以て乃ち亦た示す。其の（山陽が）読みて半ばを過ぐるや、日既に暮れ、之を尽くす能はず。（山陽が）曰く、上梓を待ちて以て之を評せん。然れども今一見する所の条条は、聖学の奥に於いてや間然《かんぜん》する所なし。深く太虚の説に服す、と云ふ。而して其の秋（一八三二年）、山陽、血を吐いて病革《かく》なりと聞き、吾れ（大塩）上洛して以て其の家（山紫水明処）に到れば、則ち其の日既に簀《さく》を易《か》えたり（亡くなった、の意）。大哭して帰る。夢の如く、幻の如し。往事を追思すれば、向《さ》きにそれ山陽の余を訪うて觴酒の際、其の情の繾綣《けんけん》（つきまとってはなれないさま）たりしは、それ果たして永訣《えいけつ》の兆しか。嗚呼、傷ましいかな。嗚呼、悲しいかな。

頼山陽は歴史の構築者であったが、大塩は歴史の破壊者であった。山陽の父・春水は朱子学者。その世界観を受け継ぎ、客観的な道徳によって歴史を再構築する、というのが山陽の意志であった。だが大塩は陽明学者。あくまでも自分のこころに内在する良知と、宇宙に充満する良知とが完全に一致しているとの信念のもと、歴史すら破壊するのである。このふたつの相異なる精神の真の意味でのぶつかりあいは、やがて二十年後、三十年後の倒幕・尊皇攘夷運動において、朱子学的な正理（客観理）と陽明学的な精神理（主体理）の劇的な合体として、アナーキーに過剰に、爆発し炸裂していくのである。

第四章
丸太町通から四条まで

三島由紀夫

1　寺町通二条——檸檬

†梶井基次郎と寺町通

丸太町通から寺町通を下がってゆこうか。二条通を越えるとすぐ、御池通に出る。そのあいだに、かの有名な「檸檬《レモン》」の八百卯があった。残念なことに、十年ほどまえに閉店してしまった。梶井《かじい》基次郎《もとじろう》（一九〇一〜三二）の処女短編小説「檸檬」（一九二五）に出てくる檸檬を、主人公が購入したといわれる店である。この主人公はあきらかに、第三高等学校に通っていた梶井本人だろう。梶井は三高時代、吉田から丸太町、二条、三条、四条あたりでデカダンな暮らしをして芸術家を夢見ていた。

えたいの知れない不吉な塊《かたまり》が私の心を始終圧《おさ》えつけていた。（中略）何かが私を居堪《いたたま》らずさせるのだ。それで始終私は街から街を浮浪し続けていた。

何故だかその頃私は見すぼらしくて美しいものに強くひきつけられたのを覚えている。風景にしても壊れかかった街だとか、その街にしてもよそよそしい表通りよりもどこか

地図５

親しみのある、汚い洗濯物が干してあったりがらくたが転がしてあったりむさくるしい部屋が覗いていたりする裏通りが好きであった。

なぜそのような、雑然とむさくるしいまちが好きなのか。それは、彼が小説家としてこれからひとり立ちしていくためには、自分のなかにできるだけたくさんの「他者の主体性」を取り込まなくてはならない、と本能的に感じていたからだ。彼の〈多重主体性〉（第一章参照）をできるだけゆたかにするために、彼は京都の東半分のまちをさまよい歩いた。

何かが私を追いたてる。（中略）とうとう私は二条の方へ寺町を下り、其処の果物屋で足を留めた。（中略）

また其処の家の美しいのは夜だった。寺町通は一体に賑やかな通りで——といって感じは東京や大阪よりはずっと澄んでいるが——飾窓の光がおびただしく街路へ流れ出ている。それがどうした訳かその店頭の周囲だけが妙に暗いのだ。もともと片方は暗い二条通に接している街角になっているので、暗いのは当然であったが、その隣家が寺町通にある家にもかかわらず暗かったのが瞭然《はっきり》しない。しかしその家が暗くなかったら、あんなにも私を誘惑するには至らなかったと思う。

そして主人公は、その店で檸檬を買う。檸檬を買った瞬間から、彼は幸福になるのだ。

結局私はそれを一つだけ買うことにした。それからの私は何処へどう歩いたのだろう。私は長い間街を歩いていた。始終私の心を圧えつけていた不吉な塊がそれを握った瞬間からいくらか弛《ゆる》んできたと見えて、私は街の上で非常に幸福であった。あんなに執拗《しつこ》か

った憂鬱が、そんなものの一顆《いっか》で紛らされる——あるいは不審なことが、逆説的な本当であった。それにしても心という奴は何という不可思議な奴だろう。

〈第三のいのち〉が立ち現われそうな予感。つまり清少納言ならば「をかし」といっていたはずの臨界点。それを主人公はいま、感じ取っているのだ。「**実際あんな単純な冷覚や触覚や嗅覚や視覚が、ずっと昔からこればかり探していたのだと言いたくなったほど私にしっくりしたなんて私は不思議に思える**」と主人公はいう。

†憂鬱と檸檬

だが不思議なことに、彼がこの幸福感をひきつれて丸善（いまは河原町三条と四条の中間のBALのなかにはいっている）にはいるや、こころのありさまが急変するのだった。さきほどまでの幸福感は逃げて行ってしまう。「（丸善の店に展示されてある）**香水の壜にも煙管にも私の心はのしかかってはゆかなかった。憂鬱が立て罩《こ》めて来る**」。

そして彼は、ふだんからこの店で眺めている画集の本を、一冊一冊積み上げる。ふだんは魅了されてしまうアングルの橙色の重たい本も、いまは彼に疲労感を与えるのみだ。苦しい。なぜ丸善はこれほど苦しいのか。そこには、芸術家を志す青年がこれから打倒していかなくてはならない世界じゅうの傑出した知覚像が凝集しているからだ。だからこころが押しつぶされる。ちっぽけな自分がこの世界に新たにつけ加えうるものなどないようにしか思えなくなる。
そのときふと、アイディアが浮かぶ。画集の絵の色彩をごちゃごちゃに積み上げて、そのいちばんうえに檸檬を置いたらどうだろう。

私にまた先ほどの軽やかな昂奮が帰って来た。私は手当たり次第に積み上げ、また慌しく潰し、また慌しく築きあげた。新しく引き抜いてつけ加えたり、取り去ったりした。（中略）やっとそれは出来上がった。そして軽く跳りあがる心を制しながら、その城壁の頂きに恐る恐る檸檬を据えつけた。そしてそれは上出来だった。

これは、なにを描写している文章なのだろうか。彼が積み上げたり潰したり、引き抜いたりつけ加えたものは、なんだったのか。そしてできあがったものは、なんだったのか。梶井が丸善の店で実際にやったことは、おそらく画集の本そのものを積み上げてみたり引き抜いてみたり、ということだったろう。しかしこの小説では、彼はそのような描写をしていない。画集のなかの、ということはつまり著名な画家の著名な絵の「色彩」を、「ゴチャゴチャに積みあげ」たのである。これはどういう意味か。寺町あたりを浮浪者よろしくうろつく彼は、芸術家たらんとする若者だった。彼が単なるディレッタントであることを超越するためには、既存の芸術家たちの〈世界〉を打倒し、破砕しなければならなかった。少なくとも彼にはそのエネルギーがあった。しかしその実力は、まだ彼にはなかった。〈世界〉の重圧は彼を圧しつぶそうとしていた。そのとき彼は、檸檬を見つけたのだった。

見わたすと、その檸檬の色彩はガチャガチャした色の階調をひっそりと紡錘形の身体の中へ吸収してしまって、カーンと冴えかえっていた。私は埃っぽい丸善の中の空気が、その檸檬の周囲だけ変に緊張しているような気がした。

そしていよいよこの短編の有名な掉尾である。主人公は本のうえに檸檬を置いたまま、丸善を出る。あたかもそれは、恐ろしい爆弾を仕掛けて置いてきたかのような幻想を彼に与える。檸檬爆弾は大炸裂し、丸善は木っ端微塵になるだろう。それは彼を苦しめつづけた偉大な芸術家たちの無数の知覚像——まだ未熟な彼が到底乗り越えられない名にし負う世界的な知覚像を、こなごなに破砕することなのである。

あらゆる芸術家が人生でなんどもなんども経験しなければならないこの爆破の苦しみを、

「檸檬」ほど幻想的かつ簡潔に描きえた作品はめずらしい。

2 京都の中心——文化革命の現場

†京都の中心とは

御池通のすぐ北側が、京都市役所である。

このあたりが、一応、京都の中心といってよいだろうか。だが、「京都の中心はどこか」という問いに対して、こたえるのは実はなかなかむずかしい。それは、この都市においては伝統的に、街区とそこに住むひとびとの職業との関係が密接だったからであり、そして近代以降にそれがなし崩し的にばらばらになってしまったからである。「京都」とは、いったいどこをいうのだろうか。そのことを少し考えてみよう。

†「京都文化」が代表するもの

井上章一氏の『**京都ぎらい**』(朝日新書、二〇一五)は大ベストセラーになったし、この本を読んで「痛快だ」というひとはすこぶる多い。先日も知人が、「わたしの妻は山陰地方出身だけど、この本を読みながらふんふん、と納得して笑っている」という。「自分は東京出身なので、山陰地方と京都との関係はよくわからないが、どうも京都に対する対抗心が強くあるようだ」ともいう。

この本は、「日本のなかで京都が過大評価されすぎている」という思いを持つひとびとの気持ちを喜ばせるのに成功した。しかしその反動というか反作用として、この本に対する反発も当然多くあるだろう。

特に衝撃的なのは、京都だけでなく全国的にも敬意を持って遇せられている杉本家に対する、ずいぶんとはすに構えた叙述だ。その叙述の内容は『**京都ぎらい**』を読んでいただきたいが、要するに、京都風の「みやび」な生活の体現者としてメディアに頻繁に登場する杉本家が、京都の周縁部に住む者たちに対して持っている微妙な意識を、井上氏はたくみな筆致で見事に描いたのだ。

杉本家といえば、奈良屋の屋号で十八世紀から続く商家で、一八七〇年に建てられたその住宅は国の重要文化財になっている。杉本家第九代目当主だった故・杉本秀太郎《ひでたろう》氏は洒脱な文を書くフランス文学者で、わたしも彼の文が好きだ。フランス文学だけでなく、たとえばわたしがもっとも好きな詩人である伊東静雄についての研究もすばらしく、言葉のもっともよい意味での文学者である。彼のエッセイも、自分が教授をしていた京都女子大学から、会議の帰りに徒労感を抱えたまま国立博物館あたりまで歩いてきて夕陽を浴びた一瞬を描く筆致など、ほんとうに巧みで強く印象に残る。

だが、彼の家はあくまでも商家であって、どこからどう見ても、「みやび」という貴族風文化とは距離が遠い。それなのに日本の無知な、あるいは狡猾なメディアは、あたかも杉本家が京都風な「みやび」の生活の体現者であるかのような印象操作をして社会に打ち出している。たかだか江戸時代から続いているだけの商家が、あたかも京都文化の中心であるかのように語られるのは変だし、そもそも日本文化に対する間違った認識の枠組みを提示してしまう。

たとえばわたしの知り合いの日本文化にくわしい韓国人は、自分の友だち（日本文化にくわしくない韓国人）を杉本家住宅に案内したとき、「こんなていどの家なら韓国にもたくさんある。なにをことさらに重要文化財としてありがたがっているのか、フン」という反応を示したという。たしかに、うなずける反応だ。韓国にも、伝統的な両班《ヤンバン》（朝鮮王朝の支配層）の家が残っているが、それに比べれば杉本家の家屋が「取るに足らぬもの」と見えてしまうのかもしれない。

だが重要なのは、杉本家が商家だという事実なのである。韓国に残っている立派な伝統住宅はみな両班のもの、つまり支配階層のものである。前近代の商家の家屋は韓国にはひとつも残っていないはずだ。それに対して杉本家は、貴族でも武士でも農家でもない、商家であるということが重要なポイントである。大工・左官・庭師などの技術の粋をこらした京町家は、京都の商人階級の世界観と美意識と富裕さをあらわしている。

このポイントを、韓国からの無知な観光客だけでなく、日本のメディアも認識しえていないような気がする。「京都の美」ではないのである。「京都の商家の美」なのである。それを「京都」という言葉でくくってしまうと、いろいろな意味で不都合が生じる。

まず、日本の前近代における、商家の地位の高さと彼らの世界観のゆるぎないたしかさを、杉本家住宅から読み取らなくてはならない。「こんなのよりもっと立派な家が韓国にはある」んではないのである。韓国にはこんな立派な商家はひとつも残っていないのである。両班の住宅と比べるべきなのは、日本の貴族や武士の住宅であって、杉本家住宅ではない。

だが、同時に次のこともいえる。京都にいま残っており、日本人が「京都の文化」だと認識しているもののほとんどは、杉本家住宅に象徴されるような下層階級の文物だということである。ここで「下層」というのは純粋に階級的な意味でいっているので決して誤解しないでいただきたい。商家は江戸時代の階級構成ではあきらかに下層であろう。文化的な意味で下層だということではもちろん全然、ない。

平安貴族の文化が、いまの京都のどこに残っているのか。もちろん探せばいたるところにその痕跡や片鱗はあるのだが、それらはかすかなささやきにすぎない。江戸時代以降の庶民の文化に押されてしまって、ほとんど目立たない。別の言葉でいえば、あまりにも下層階級の文化のみが、いまの京都を代表してしまっている。

商家の文化もいいことはいいのだし、重要だし、立派ではあるが、やはり京都の文化の全体から言えば、商家が過度に代表してしまっている感は否めない。

†文化革命は完了した

二〇一六年の十一月に、比較文明学会の大会が同志社女子大学で開催された。そのシンポジウムで、ローマとイスタンブールと長安と京都を「文化の都市」という切り口で論じる、というものがあった。京都を論じたのは井上章一氏であった。わたしがシンポジウムの司会をした。

井上章一氏はこの席で、次のような内容のことを語った。

京都の「洛中」に住んでいるひとに聞いてみた。「洛中」というのはどこをいうんですか、と。こたえはだいたい「上は御池通《おいけどおり》から下は五条」「せいぜい上は二条」「いや上は丸太町くらいまで」というもの。ということは、洛中に住むひとびと（つまり京都の「中心」を自認するひとびと）は、京都御所を「京都」に入れていないことになる。

これは重要な指摘である。つまり、現在の京都の文化を担っていると自認し、自分たちこそ京都の中心だと思っているひとびとは、一条から二条あたりの、かつて天皇、貴族のエリアだったところを、「京都」だとは思っていないのである。御所は京都のはずれ、「洛外」なのだ。

このことをもっと刺戟的にいうなら、次のようになるだろう。つまり、いまの京都文化というのは、天皇や貴族を排除して、かつての下層民たちが自分たちの世界観で塗り固めようとしてきたプロジェクトが、ほぼ完全に成功した結果である、と。「祇園祭が京都の文化の王者である」という広くゆきわたった認識が、端的に「下層民の勝利」を物語っている。

その下層民たちは、自分たちのエリアである「洛中」以外の場所を蔑視している。その中心は三条、四条であるが、これこそいまの日本人全体が「京都」の中心だと思い込んでいるまさにそのエリアだといえるだろう。下層民の文化革命は完了したのである。

井上章一氏は、きわめておだやかな語り口で、そのことを語ったのだと思う。「洛中」

のひとは、彼の出身地である嵯峨を「あそこは京都やない」とばかにする。「京都」を天皇や貴族から奪い取って、そして「洛中」以外を序列外に排除したのである。

先のシンポジウムでは、フロアの女性参加者が次のようなことを語った。かなり緊張して、しかし「これだけはいわなくては」という決意のこもったいい言葉だった。

最近、京都のことを気軽に揶揄する傾向があります。これはおかしいと思います。京都の文化は奥が深く、長い歴史があり、軽いものではありません。これを揶揄する風潮には違和感を覚えます。

この発言をしたひとはだれだったのか。司会者であったわたしは、「ぜひお名前を」といったが、奥ゆかしい彼女は名乗らなかった。しかしほかのひとが教えてくれた。彼女は京都で六代も続く商家の当主なのだそうだ。

彼女の発言の意味はよくわかる。江戸時代から家業を継いで、その間ずっと利益をあげ、文化を継承してきたことの困難さ、崇高さ、すばらしさを、日本人はもっともっと認識しなくてはならないだろう。わたしは事業承継学会というものにはいって勉強したことがあるが、事業承継ということのすごさは、世界でも日本人がもっとも誇るべきことなのである。二百年続いた企業、百年続いた企業とも、その多さは世界のなかで日本が群を抜いている。

京都人は謙虚である。謙虚すぎる。京都の思想のものすごさを、日本人にもっと知らしめなければならない。それは東京の資本とメディアによる「そうだ、京都行こう」の浅薄な京都蔑視とは、究極の対抗軸となる「ほんものの思想」である。

†複雑な蔑視の構造

だが、井上氏の『**京都ぎらい**』には、書かれていないことが多すぎる。それを書けば一気に野暮になるので、彼は書かない。京都人の作法として、書かない。だがわたしは京都人ではないので、書く。野暮と知りつつ、書くのである。

下層民は自分たちよりさらに下層なひとびとを蔑視する。蔑視されたひとびとはさらに下層なひとびとを蔑視する。この襞《ひだ》のような序列の構造が京都なのであって、洛中のひとが嵯峨のひとを蔑視するのが京都なのではないのである。

東京出身のひとがわたしにこういった。「洛中のひとが嵯峨のひとをばかにするのは、東京の練馬のひとが朝霞とかの埼玉のひとをばかにするのと似てますか」。

全然似てないでしょう。

なにが似ていないかといって、構造が似ていないのである。ヒエラルキーの構造と、まちの構造とである。

ヒエラルキーは、襞のように複雑で細かい。この襞を正確に記述することは困難である。だれもが、自分に近い襞のことしかよくわからないはずだからだ。そしてこのヒエラルキーが、まちの構造と密接にからまっている。小さな路をひとつはさんだだけで、その向こう側には序列的にまったく異なる世界がありうる。よそものには決してわからないし、そこに住んでいる者たちもそのことを語らない。無言のまま、守られている構造である。

洛中のひとは嵯峨や深草や伏見をばかにする、という。それでは嵯峨や深草や伏見のひとは、自分たちよりさらに外側の周縁部をばかにするのだろうか。もちろんそのベクトルもあるけれど、もうひとつのベクトルもある。それは洛中を含めた京都市街の内部へと向かうベクトルである。その内部のどこかに、モザイクのように、ぽっかりと、語られえない場所がたくさんある。語られえないのだから、ひとびとの話題には出てこないし、もちろん井上氏の『**京都ぎらい**』にも出てこない。

それを語ることは野暮であるだけでなく、道徳的にも危険なことなのだ。だがわたしにとっては、その場所こそ、もっとも知りたい、「奥深き京都」なのである。

この「奥深き京都」を無視し、蔑視しているうちは、やはり京都の文化はダメな文化なのだ、とわたしはいいたい。

3　御池通から四条まで——似非逸脱者の京都

†弛緩している

数多くの京都人の手になる京都本をわたしはたくさん読んだが、ほとんどがダメだ。どれもこれも、「奥深き京都」への意識が皆無なのだ。弛緩した精神そのものだ。京都で生まれ育っているのに、京都の「奥深きところ」に住むひとたちとの精神的なまじわりがなにもない。

だからといって「みやびな京都」の深きこころへの理解がまったくない精神も、やはりダメだと思う。「みやび」と「奥深き」の両軸がなければ、京都を理解したとはいえぬはずだ。その両軸の中間地点、つまり中京、下京の商家からの視座が、あまりにも過剰に全体を代表してしまっている。

名にし負う「京都人」たちはみな、各自、それぞれの守備範囲だけを性急に一般化して、「京都の本質」としてそれを他者に（主に東京のメディアや官庁や資本に）語ってしまっている。一条から十条までをひっくるめて認識しようという気概がない。

わたしが不思議なのは、近代以降の京都に結局、ひとりの永井荷風（一八七九〜一九五九）、ひとりの谷崎潤一郎（一八八六〜一九六五）も出なかったことだ。江戸への偏執狂的愛着と、それを変貌させる東京への劇しい愛憎。それを最高級の芸術に昇華させえた荷風や谷崎のような人物が、なぜ京都には出なかったのか。

明治維新を機に、それまでみやびを代表していた公家たちがこぞって東京に移ってしまったことが、最大の問題だったのだろう。そして長州や薩摩の無教養な田舎者が、「京都復興」という看板のもとに、徹底的に京都を破壊した。それに対抗する荷風や谷崎が金輪際出なかったどころか、その無思想の破壊を「復興」と勘違いして京都人自身が歓迎してしまった。

ああ。

知らぬ。

†東京資本のほくそ笑み

特に最近は、御池通から三条や四条、いわゆる観光的な意味で京都の繁華街の中心といわれる場所に行けば、京都のダメさかげんが痛々しく露呈している。

急速に大量の東京資本（だけではない。最近は中国資本も！）が流入しているからだろう、精神の弛緩がこれほどみごとにあらわになっている光景を見るのもめずらしいほどだ。三条や四条の「繁華街」に行けば、単に行儀の悪い連中や、だらしのない連中が跋扈している。観光客だけではない。京都に暮らしていて、近年の「京都バブル」に乗っかって肩で風を切って歩いている連中も同じである。

この一因として、京都の町衆の堕落があると、わたしは思う。ひとことでいえば、いまの京都では町衆の多くの部分が、伝統の継承者にとどまってしまっているのである。もともとあったはずの強靭な思想性が、そこにはすでにない。そして、伝統の継承者というだけで、東京の資本やメディアによって過大にリスペクトされてしまっている。

しかしこのひとたちはそれでも、伝統を継承するというきわめて困難なことをやっているわけだから、それだけでえらい。リスペクトされる価値がじゅうぶんすぎるほどある。それとは異なり、伝統の継承者であることを放棄してしまった町衆のなかには、ただ単なる利益の追求者となりさがってしまった者がいる。東京の資本やメディアが、京都の町衆を堕落させている。だから真の文化になくてはならない真の逸脱がここにはないし、したがって真の文化の創造もここにはない。

微温的な、体制順応的な、小賢しい、ずるがしこいただの京都破壊者がここにはいる。

逸脱やかぶきをマーケティングした、似非《えせ》逸脱者たちが荒らすまちになりさがってしまっている。資本とくっついて伝統を破壊しながら澄まし顔をしている。あるいは「前衛」とうそぶいている。京都のまちなみの醜さに責任があるのは、この極度に堕落した町衆たちであろう。

その結果、なにもあたらしい文化を生み出さないひとびとが、京都というまちでは威張り腐っている。逸脱しない町衆、文化を生み出さない町衆などというのは形容矛盾なのである。

町衆がこのていたらくだと、どうなるのか。

結局、まちは逸脱もどきだらけになる。真の逸脱を知らぬ逸脱もどきが、あたかも文化の担い手であるかのように振る舞うようになる。だからこのまちには、思想なきにせものの逸脱者、にせものの文化の担い手が闊歩する。それは東京の資本やメディアにとって、実に好都合なことだろう。

東京の資本やメディアには、ほんものの京都の逸脱者、ほんものの京都の文化伝承者のすごさなど、手に負えるわけはない。わたしも少しはそういうほんものの京都人のすごさを知る者である。たとえば祇園祭を守り、変え続けているひとびと。古武士のごときその風貌は、東京の資本やメディアごときがたやすく接近できるものではない。

東京の資本やメディアにできるのはせいぜいのところ、適度に薄まった思想なき似非逸脱者を、「オーセンティック（真正）な文化のにない手」として、ほくそ笑みながら過剰包装するていどである。

4　こころも道も狭い京都

†こころの狭さ

三島由紀夫は短編小説「**煙草**」（一九四六）の冒頭で、次のようにいう。

あの慌《あわただ》しい少年時代が私にはたのしいもの美しいものとして思い返すことができぬ。「燦爛《さんらん》とここかしこ、陽の光洩れ落ちたれど」とボオドレエルは歌っている。「わが青春はおしなべて、晦闇《かいあん》の嵐なりけり。」

この耽美的な文章をもじって、わたしはこういいたい。

この気むずかしい京都がわたしにはたおやかなものうつくしいものとして思いなすことができぬ。「燦爛とここかしこ、陽の光洩れ落ちたれど」とボオドレエルに倣《なら》ってわたしは歌おう。「わが京都はおしなべて、仏頂面のみやこなり」。

三条から七条までは、狭い路地が密集している地域である。そしてご存じのとおり、京都の路地はひとつおきに車両の一方通行の方向が逆になっている。このあたりの小さな家や店に住んでいるひとたちがもっとも元気になるときはいつか。

自分の家や店の前の一方通行を、逆走する車を発見したときである。

家や店のなかから脱兎のごとく飛び出てきて、車に向かって、

「逆逆逆や逆や、逆逆！」

としつこく怒鳴る。このときが、もっとも元気だ。どこにこんなエネルギーを隠し持っていたのか、と思うほど、「逆逆逆逆！」と大声でたしなめる。もちろんその顔は、仏頂面である。そして「ああやっぱり親切は気持ちええもんやな」と思って家や店に戻る。

どうして京都の人間は、赤の他人に対して、みな仏頂面で不機嫌なのか。

基本的には、「自分は他人には関心あらへんで」という姿勢を見せておかないと、このまちでは危険な目に遭う、ということがある。道を一本越えて向こう側の世界、業種が少

し違うだけのほかの商店などに余計な関心を持ったりすれば、大変な目に遭う可能性がある。だから京都のひとは不機嫌なのでは決してなく、不機嫌そうに見せているだけである。実際は、ひとびとのネットワークや交際の枠のなかにはいりこんでしまえば、親切でここちあたたかく、絶妙な距離感でおとなのひとづきあいができる場が京都である。

京都では商人も職人ふうの世界観を持っているから、他人には関心を示さない。不機嫌というより冷淡である。一見の客なんかは文字どおりそこにいないかのように扱う。しごとに没頭している職人が、他人に一切関心を示さないのと同じである。自分の関心が届く狭い狭い範囲だけで暗黙知のみを道具にして生きているから、不特定多数のひとに愛想笑いをする必要なんかは金輪際皆無である。商人がそんなことをするわけはない。

京都のひとのこころの狭さは、なんのためにあるのかといえば、それは技術の伝承とその矜持のためにある。京都の職業観はカースト制に若干似ている。先祖代々の家職を受け継いで持続させることが第一優先事である（ただ、カースト制は血統と職業が一致するが、京都の伝統では「血筋」の観念は弱いのでもちろんカースト制ではない）。カースト制は現代では悪しき制度だとして批判されるが、いい点もあるのである。それは、カースト制だと技術が保存・伝承されるという点である。たとえば科挙（儒教社会の国家試験）によって身分上昇をはかることができるというメンタリティ、つまり反カースト制のメンタリティが強い韓国社会では、技術の伝承ということがきわめて困難で、長く続く店や技術というものがほとんどない。

†毎日が曲芸大会

京都を「はんなり」だとだれがいったのか。「はんなり」というイメージを抱いて京都に観光に来るひとは、このまちの交通事情が極度に「反はんなり」なのにびっくり仰天するであろう。ひとことでいえば京都は、きわめて交通マナーのなっていない、乱暴運転の車が多いのである。

そうめんのように細い道を、すいすいと泳ぐようにクルマが走る。くねくねと蛇のようにすきまを縫いながら自転車が疾駆する。びゅんびゅんとタクシーが韋駄天《いだてん》のようにすっ飛ばす。

まるで曲芸だ。京都の道を舞台にして毎日毎日くりひろげられているクルマとバイクと自転車によるスピード曲芸大会である。銀色のワンボックスカーはキキキッと角を曲がりながら、手塚治虫の漫画のように流線型に変形している（わけはない）。猛スピードで通りすぎるバイクの風で、道ばたのうつくしい女人のスカートがひらりとめくれあがる（ことはない）。オー！　モーレツ！　スリル満点京都万歳！

毎朝、小学校の通学路に生徒のお母さんたちが立っている。「速度を落としてください」というプラカードを掲げているが、効果は全然ないようだ。この細い一方通行の街道は、南の方面から毎朝、猛スピードの車たちが走ってくる。危ないなんてものではない。わたしの観察によれば、トラックの運転手の中には携帯電話で話しながら運転しているのや、漫画を読みながら運転しているのまでいる。こんな細い道で？　通学の児童がたくさん歩いているのに？　どうしてそんなことができるのか？　曲芸大会の優勝者なのか？

自転車乗りの強者《つわもの》たちが歩道を舞台に腕を競うのも、京都の名物のひとつだ。歩行者という名の障害物をどれだけ追い抜けるかでたたかっている。後ろから、通行人の五センチか十センチ脇を音もなく走り去っていくので、道を歩くひとは決してふいに進路変更してはならない。予告なく五センチ横にずれただけで後ろから自転車にぶつかられる。歩行者は決して自転車の邪魔をしないこと！

そんなことは京都人なら常識中の常識。だが、問題は京都という土地が、観光地だということだ。日本だけでなく世界中からやってくる。そういうひとたちの多くは、京都の常識を知らない。なにを勘違いしたか、「優雅で美しい古都の秋」を、のんびりたのしみにやってくるのだ。

だが実際は、「古都」という言葉のみやびな雰囲気とは百八十度異なる京都の道の殺伐さである。京都を歩いていてみやびな気持ちになんかなれるひとは、生命《いのち》知らずの冒険野郎だ。わたしの観察によれば、ものをよく知る観光客たちはみな、おっかなびっくり、極度の緊張に萎縮しながら道を歩いている。それが京都の正しい歩き方。最近はガイドブックにも「京都でケガしない歩き方」が出ているのにちがいない。

タクシーなんかに乗ろうものなら、運転手の気の短さにこっちがはらはらするほどだ。前の車が遅いとイライラして車間を極度につめる。信号が青になっても前の車が発進しないと案の定〇・五秒でクラクションを鳴らす。瞬発力競争大会（京都会場）に毎日参戦しているわけだ。乗客のほうが疲れてしまう。こんなタクシーに乗った世界の観光客は、日本人の精神のみみっちさだけをみやげものに帰国するのだろう。

京都には怒鳴るドライバーも多いので要注意。交差点を左折する車の運転手が、横断歩道を渡る歩行者の動きがのろいといって「はよ行け！　このぼけが！」と極道のような怒号をあげる。「あおったやろ！　後ろからあおったやろ！」といちゃもんをつけてタクシーを道路に止めさせ、十分間も運転手を怒鳴りつづける中年男。あるセルフサービスのガソリンスタンドでは、そこから道路に出ようとしたときに車の進路をさえぎったといって、中年女が西洋人の女性の観光客を大声で怒鳴りつけていた。上品そうな女性はひた謝りに謝るが、激昂して抑えがきかなくなった中年女はまったく許さない。中年女は、大声の下品な日本語で観光客の外国人女性をこれでもかとなじり倒したあと、自分の車に乗る瞬間、ふと変な音声を発した。わたしはそれを聞きのがさなかった。それはわたしのよく知る外国語で相手を侮蔑する意味をあらわす語の音声に酷似していた。

行政は、京都をこれからもスピード曲芸大会の名誉ある開催地にしつづけたいらしい。犠牲者がこれ以上増えないことを天に祈るばかりである。

5　御池通――三島由紀夫

†三島由紀夫と『金閣寺』

御池通を渡ったら、寺町通から二筋右（西）の道が麩屋町通である。この通りの両側に、御池通に面して、柊家《ひいらぎや》と俵屋という、京都を代表する老舗旅館が面と向かって建っている。柊家から少し南に行って姉小路通を過ぎると、京都通だったデビッド・ボウイ（一九四七〜二〇一六）がよく通ったという蕎麦屋がある。

三島由紀夫（一九二五〜七〇）は三十一歳のとき、傑作『**金閣寺**』（一九五六）の執筆のあいだ、柊家にずっと宿泊した。前年からボディビルを始めていた彼は、東京からバーベルなどの鉄の塊を送ってもらって、老舗旅館で筋肉を鍛えながら、この小説を書いた。

実際の金閣寺は、一九五〇年に若い僧が放火して、焼失した。「美に対する嫉妬の考えから焼いた」という僧の犯行動機が、世間の耳目を集めた。

日本の小説としては稀有なほど、「絶対」ということをとことんまでつきつめた作品が、**『金閣寺』**である。ひとによって意見はさまざまだろうが、三島由紀夫の最高傑作として**『金閣寺』**を挙げるひとは少なくないだろう。わたしもまた、そう考える。

なぜか。

この小説こそ、日本人が「絶対」というものに正面から向き合い、そしてそれと格闘するのに成功した初めての小説だといってよいからだ。

日本人は、「絶対」に向き合うのが苦手である。哲学の世界ではすでに戦前、西田幾多郎が「絶対」に正面から向き合い、それと格闘した。しかし小説の世界では、**『金閣寺』**に至るまでそのような冒険に挑んだ作家はいなかったといってよいのではないか。

それではなぜ三島は、「絶対」と格闘できたのであろうか。

理由はいろいろあるが、もっとも重要なことは、三島こそ「疎外された自我」を徹底的に見つめた作家であった、ということであろう。日本の近代文学は西洋から移入された「自我」という概念を、中途半端にしか消化できなかった。真正面から向かい合おうとすると、すぐにイデオロギー（プロレタリア文学）や美（耽美派）や文化（白樺派）や生活（私小説）や通俗道徳（三文小説）などが介在してきてしまい、自我の疎外されたかたちをとことん追求できなかった。

三島は若い頃、平安文学や日本浪曼派やフランス心理小説や古典主義などの影響を受けたが、**『金閣寺』**執筆の際にはそれらの影響から脱し、むきだしの自我の荒ぶる力と真正面から対決できる文体の力を獲得しつつあった。

だが「絶対」というテーマは、十代の頃から三島をがんじがらめに囲繞《いにょう》していた。

三島が十八歳のときに書いた短編**「中世に於ける一殺人常習者の遺せる哲学的日記の抜萃」**（一九四三、**「夜の車」**改題）はまぎれもない傑作である。三島自身、自選短編小説集（新潮文庫）にこの作品を収めただけでなく、作者の「解説」で次のように語っている。

「この短かい散文詩風の作品にあらわれた殺人哲学、殺人者（芸術家）と航海者（行動家）との対比、などの主題には、後年の私の幾多の長編小説の主題の萌芽が、ことごとく含まれていると云っても過言ではない。しかもそこには、昭和十八年という戦争の只中に生き、傾きかけた大日本帝国の崩壊の予感の中にいた一少年の、暗澹として又きらびやかな精神世界の寓喩がびっしりと書き込まれている」。

この小説では、京都の孤独な殺人者が、室町将軍・足利義鳥《あしかがよしとり》や北の方瓏子《れいこ》、乞食百二十六人、能若衆花若、遊女紫野、肺癆人《はいろうにん》を次々と殺《あや》める。殺めながら、哲学的な思索を繰り広げる。

殺人者は知るのである。殺されることによってしか殺人者は完成されぬ、と。

殺人ということが私の成長なのである。殺すことが私の発見なのである。忘れられていた生に近づく手だて。私は夢みる、大きな混沌のなかで殺人はどんなに美しいか。殺人者は造物主の裏。その偉大は共通、その歓喜と憂鬱は共通である。

まずは「他者を殺す」ということが、三島の「絶対」「自我」との向き合いの出発点だった。

「殺人」と表裏一体のものとして、「自分でないもの」への絶対的なあこがれというテーマが、すでに二十四歳のときの長編小説『**仮面の告白**』(一九四九)で、同性愛というかたちで克明に告白されていた。そこでは、主人公が幼少期に見た祭りの神輿をかつぐ若者や、汚穢を運ぶ汚い若者を対象としていた。それを三島は「**悲哀への憧れ**」という。

私はこの世にひりつくような或る種の欲望があるのを予感した。汚れた若者の姿を見上げながら、『私が彼になりたい』という欲求、『私が彼でありたい』という欲求が私をしめつけた。（中略）というのは、彼の職業に対して、私は何か鋭い悲哀、身を撚《よ》るような悲哀への憧れのようなものを感じたのである。きわめて感覚的な意味での「悲劇的なもの」を、私は彼の職業から感じた。（中略）私の官能がそれを求めしかも私に拒まれている或る場所で、私に関係なしに行われる生活や事件、その人々、これらが私の「悲劇的なもの」の定義であり、そこから私が永遠に拒まれているという悲哀が、いつも彼ら及び彼らの生活の上に転化され夢みられて、辛うじて私は私自身の悲哀を通して、そこに与《あずか》ろうとしているものらしかった。（『仮面の告白』）

悲劇的なものから永遠に拒否されているというのが、『仮面の告白』の主人公のいう「悲哀」である。

それが『金閣寺』になると、絶対的に自足しているもの（金閣寺）への恐怖と憎悪というかたちで昇華されるようになる。「汚れた若者」は、「美しい金閣寺」となった。それは、悲哀の静止像である。悲哀がそのままそこに静止画としてある。そのことをあからさまにさらけだしていることへの恐怖と憎悪である。

†絶対的なもの

年齢とともに、三島にとっての「絶対への希求」は、その対象を変えていく。

少年の頃は王朝の美学であった。日本浪曼派の影響が大きい。また同時に詩でもあった。十五歳の三島は自分を詩人だと思っていた。

> 少年の冷たさは他人の痛みを決して感じなかった。少しも自分は痛まずに、「あれが苦痛というものだ。僕はちゃんと知っている」と呟くだけであった。（中略）ひょっとすると、僕も生きていないのかもしれない。この考えにはぞっとするようなものがあった。
> （「詩を書く少年」）

しかし自分が詩人かもしれないという幻想は、二十歳を過ぎると消えてゆく。次の告白は二十四歳のときのものだが、逆説的に「自分は詩人ではない」と語ったものだ。

> 私は無益で精巧な一個の逆説だ。この小説はその生理学的証明である。私は詩人だと自分を考えるが、もしかすると私は詩そのものなのかもしれない。詩そのものは人類の

恥部《セックス》に他ならないかもしれないから。(『仮面の告白』「月報ノート」)

戦後つまり二十代の前半は、殺人が彼にとって絶対であった。二十三歳のときには、次のように語っている。

僕は人を殺したくて仕様がない。赤い血が見たいんだ。作家は、女にもてないから恋愛小説を書くようなもんだが、僕は死刑にならないですむように小説を書きだした。人殺しをしたいんだ、僕は。これは逆説でなくって、ほんとうだぜ。(「序曲」同人との座談会)

三島と政治的なものとの出会い。すでに十一歳のときに起きた二・二六事件(一九三六年)に対して、三島は「絶対」を感じ取っていた。

たしかに二・二六事件の挫折によって、何か偉大な神が死んだのだった。当時十一歳の少年であった私には、それはおぼろげに感じられただけだったが、二十歳の多感な年齢に敗戦に際会したとき、私はその折の神の死の怖ろしい残酷な実感が、十一歳の少年時代に直感したものと、どこかで密接につながっているらしいのを感じた。（「二・二六事件と私」）

ここで「偉大な神」といわれているものと、三島は結局、一生つきあうようになる。三十五歳を超えると、天皇、二・二六事件、日本という絶対と向き合うようになるのだ。

†絶対から相対へ、そしてまた絶対へ

三十代の半ばから、三島は急速に「政治的」な振る舞いを見せるようになる。その最初の結晶は、二・二六事件に参加できずにそのことを恥じて自決する青年将校とその妻を描いた短編小説「**憂国**」（一九六一）であった。

麗子は中尉の死骸から、一尺ほど離れたところに坐った。懐剣を帯から抜き、じっと澄明な刃を眺め、舌をあてた。磨かれた鋼はやや甘い味がした。（中略）苦しんでいる良人の顔には、はじめて見る何か不可解なものがあった。今度は自分がその謎を解くのである。麗子は良人の信じた大義の本当の苦味と甘味を、今こそ自分も味わえるという気がする。今まで良人を通じて辛うじて味わってきたものを、今度はまぎれもない自分の

舌で味わうのである。(「**憂国**」)

四十一歳の「**英霊の声**」(一九六六)になると、戦後に「人間」となって絶対性から逃避してしまった昭和天皇への愁訴を語る。二・二六事件で死んだ青年将校の霊が、「どうして天皇は人間になったのか」と嘆く。

血潮はことごとく汚れて平和に澱み/ほとばしる清き血潮は涸れ果てぬ。/天翔けるものは翼を折られ/不朽の栄光をば白蟻どもは嘲笑《あざわら》う。/かかる日に、/などてすめろぎは人間《ひと》となりたまいし(「**英霊の声**」)

四十四歳のときに、評論集『**文化防衛論**』(一九六九)を刊行する。これは戦後思想のなかでもっとも重要な文献のひとつだと、わたしは考えているが、これについてはかつて述べたことがあるので(『**創造する東アジア**』)、ここでは述べない。

同じ年に、三島は東大全共闘との対話集会に参加する(東大駒場キャンパス)。このときに三島は、「絶対」に対する考えを転換するような発言をしている。注目すべき言葉だ。

エロティシズムというものはある意味で関係じゃないんだ。これは全くのサルトルのいういわゆるワイセツ感でありまして、オブジェから触発される性欲であります。ところが、自と他が関係に入っていくということは、そこにすでに対立があり、戦いがあるということをすなわち意味するのだと考える。それで今の他者との関わり合いということですが、私も他者というものをどうしても欲しくなった。私は小説家としてエロティックにのみ世界と関わろうと非常に願っていたのです。そして私の初期の小説はエロティックにのみ社会に関わっていて、大江健三郎とよく似ていたと思うのですが。（笑）そのうちにだんだんにそういうものが嫌になって、どうしても一つの関係に入りたくなっていった。それが当然対立を生むことになって、対立が他者というもののイリュージョンをつくっていかざるを得ない。それで私はとにかく共産主義というものを敵にすることにきめたんです。（笑）（『美と共同体と東大闘争』）

ここで三島がいっているのは、エロティシズムとは絶対に関する概念なので、関係ではないし、それに関係することもできない、ということ。若いときの三島はその絶対を芸術的に追い求めていたが、やがて他者や関係や対立（つまり相対）を求めるようになってしまった。その結果、彼自身は明確にはいっていないが、要するに三島由紀夫は政治的になってしまった、と告白しているのである。共産主義を敵にするのは、絶対を放棄した結果である。そしてそれはエロティシズムの放棄ですらある。この告白は重要だろう。東大の学生に対して、三島は決定的に重要なことを語った。三島はこのとき、「全学連の諸君がひとこと天皇といえば、喜んで一緒にとじこもった」という意味のことも語った。これは本音だったろう。いちど絶対から離れて政治化してしまった自己を、もういちど絶対化＝芸術化するために、「天皇」があった。

彼が最晩年に陽明学に親近感を抱いたのも、絶対への回帰という意味合いだった。四十五歳のとき、彼は評論「**革命哲学としての陽明学**」（一九七〇）を書く。

陽明学が示唆するものは、このような政治の有効性に対する精神の最終的な無効性にしか、精神の尊厳を認めまいとするかたくなな哲学である。いったんニヒリズムを経過した尊厳性が精神の最終的な価値であるとするならば、もはやそこにあるのは政治的有効性にコミットすることではなく、今後の精神と政治との対立状況のもっともきびしい地点に身をおくことでなければならない。そのときわれわれは、新しい功利的な革命思想の反対側にいるのである。（「**革命哲学としての陽明学**」）

彼にとって陽明学とは、政治の反対概念だった。革命の政治的成功を目論むひとびとには、エロティシズムは絶無である。「精神の最終的な無効性」とは、エロティシズムの謂《いい》であった。

そして一九七〇年十一月二十五日、三島は、楯の会学生と東京市ヶ谷陸上自衛隊東部方面総監部にてクーデターの檄を飛ばしたあと、割腹自殺する。自らの首は楯の会学生の森田必勝に刎《は》ねさせた。当日の「朝日新聞」夕刊に掲載された三島の首の写真は、衝撃的だった。自衛隊の床にころがっている三島の首が、「精神の最終的な無効性」つまりエロティシズムの究極のかたちを示していた。

生命尊重のみで、魂は死んでもよいのか。生命以上の価値なくして何の軍隊だ。今こそわれわれは生命尊重以上の価値の所在を諸君の目に見せてやる。／それは自由でも民主主義でもない。日本だ。われわれの愛する歴史と伝統の国、日本だ。これを骨抜きにしてしまつた憲法に体をぶつけて死ぬ奴はゐないのか。もしゐれば、今からでも共に起ち、共に死なう。われわれは至純の魂を持つ諸君が、一個の男子、真の武士として蘇へることを熱望するあまり、この挙に出たのである。(「檄」)

6　祇園祭――川端康成『古都』

†滅びの感覚

今年も暑かった。だが、祇園祭の宵山には、毎年かならず、でかける。

なぜか？　こんなに暑い夜に、なぜわざわざ大群衆にもみくしゃにされながら三条、四条、五条の大路、小径を歩かねばならないのか。

わたしにもなぜだかわからない。ただただ、歩きたい一心のみがあるだけである。強いていえば、滅びの感覚か。この世界がいつか滅びるであろうという強烈な感覚が、祇園祭の宵山、宵々山にはある。おびただしいひとの海。蒼然とした光りと古い楽器のコンチキチンという音。わたしはそれらに晒《さら》されて道を歩いて行くと、滅びの感覚にこの身体すべてがとらわれる。ああ、滅びる。真夏の夜に、京都のまんなかで、滅びてゆく。ああ。この感覚がたまらなく、神経中枢を刺戟する。

おそらく川端康成《かわばたやすなり》（一八九九～一九七二）が京都で感じたものも、それなのであろう。

彼の小説『**古都**』（一九六二）は、そのあまりにもステレオタイプな「古き良き京都のうつくしき四季」の描きかたが反発を呼びもするし、陳腐な印象を与えもする。名所と年中行事に関する過剰な説明が、芸術作品としての均整をうしなわせている。自文化を他者のまなざしで本質化して見てしまうのが自己オリエンタリズムだとすれば、『古都』はそれに陥ってしまった典型的な作品のように思われてしまっている。

だが、もう少し作品に分け入ってみよう。登場人物たちのあの異様なほどの人工性はなんだ。登場人物たちがしゃべる京ことばの人工性も、作品の反自然性を際立たせるのに大いに役立っている。ひとことでいって、これほど人工性の色濃い日本近代小説はめずらしい。つくりものの登場人物が、つくりもののみやこで、つくりものの暮らしをしている。谷崎潤一郎の『細雪《ささめゆき》』もまた人工性の際立った作品だが、『細雪』は阪神間というもともと人工的な場所を舞台としているので、その人工性に違和感はない。それに比べれば川端の『古都』の「つくりもの感覚」は、息苦しいほど濃厚である。

だが逆に、この人工性こそが、このみやことそこに住むひとびとのかもしだす滅びの感覚を、実によく表象しているのである。ひとびとは人工的なうつつと人工的な夢の〈あいだ〉で、あらかじめ滅びるべく生きている。

†〈あいだ〉の領域

この小説を書いているとき、川端の心身は異常な状態にあった。

私は毎日『古都』を書き出す前にも、書いているあいだにも、眠り薬を用いた。眠り薬に酔って、うつつないありさまで書いた。眠り薬が書かせたようなものであったろうか。『古都』を「私の異常な所産」と言うわけである。（**『古都』「あとがき」**）

川端のこの有名な言葉を、若い頃のわたしは受け入れられなかった。作家精神の弛緩としてしか受け取ることができなかった。わたしの理想形は三島由紀夫だったから、三島の明晰な論理性に比べると、川端の構築物の脆弱性のみが強調されるこの言葉を、どうしても許せなかった。

しかし、いまは違う。夢かうつつかわからない曖昧で朦朧とした〈あいだ〉の領域からでなければ、生み出せないものがある。『**古都**』を傑作とはもちろんまったく思えない。しかし川端が京都を描くときには、彼が自分の身体で熟知している鎌倉を描くとき（『**千羽鶴**』『**山の音**』）とは異なる、「異常な」心理状態にならねばならなかったのだろう。そのことは、理解できるのである。

主体と客体が明確に分離しているような、古くさい主客二分論によってしか書けない日本の近代小説の限界を超えようと、川端は若い頃からさまざまな実験と冒険を繰り返した実験小説家である。保守とか権威とかメインストリームなどという概念とは無縁だった。その彼の原点に立ち帰ろうとしたときの、京都であり眠り薬なのだった。

この小説の冒頭は、次のようなものだ。

もみじの古木の幹に、すみれの花がひらいたのを、千重子は見つけた。
「ああ、今年も咲いた」と、千重子は春のやさしさに出会った。

なんの変哲もない文章のように思える。というか、そのようにしか思えない。だが、やはりこれは川端一流の〈第三のいのち〉を書き記そうとした文であろう。千重子の家の庭にあるもみじの大木の幹にくぼみがふたつあって、そのそれぞれのくぼみに毎年、すみれが咲く。店（千重子の家）に来る客たちは、もみじの立派さには驚くが、すみれにはほとんど気づかない。だが千重子にとっては、春にすみれが咲いたのを見て、「ああ、今年も咲いた」と思うこと自体が生なのである。生という枠組みのなかで、その一エピソードとしてすみれが咲くのを発見するのではないのだ。今年もまた、こぞと同じくすみれが咲いたのを発見することが、生そのものなのである。

上のすみれと下のすみれとは、一尺ほど離れている。年ごろになった千重子は、「上のすみれと下のすみれとは、会うことがあるのかしら。おたがいに知っているのかしら。」と、思ってみたりする。すみれ花が「会う」とか「知る」とかは、どういうことなのか。（中略）千重子は廊下からながめたり、幹の根もとから見上げたりして、樹上のすみれの「生命」に打たれる時もあれば、「孤独」がしみて来る時もある。

「こんなところに生れて、生きつづけてゆく……。」

千重子は捨て子だった。中京の商家の玄関前に、捨てて置かれた赤ん坊だった。その商家の太吉郎夫婦が、赤ん坊をうつくしく育てた。だがもちろん千重子は、そのことの詳細を知らない。

「お母さん、千重子はほんまは、どこで生れたんどす。」

母は父と顔を見合せた。

「祇園さんの桜の花の下でや。」と、太吉郎はきっぱり言った。

千重子は、自分の生まれの真実にも、お伽話のような幻想のなかでしか接近できない。

その千重子には、実はふたごの姉妹・苗子がいた。だが父も母も千重子も、その事実を知らなかった。苗子は千重子のような京の文化とは無縁の、人里離れた北山杉の村に育った。右のふたつのすみれが「会う」とか「知る」とかいっているのは、千重子と苗子のことを語っている。

そしてふたりは、祇園祭の宵山の夜に、出逢うのである。

ふたりがとまどいながら、なにかを探りあいながら言葉を交わしていくこの宵山の場面は、小説というより銀幕の一場面を見ているようだ。幻のような一瞬一瞬そのものが、生なのである。

『**古都**』には、象徴的な場面がある。北山杉の寒村で育った苗子は、小説の末尾のほうで、「幻」という言葉を頻繁に口にする。かたちのない幻が千重子のなかにあるのだ、というのだ。だが千重子は、苗子のその言葉を理解できない。それはなぜなのか。北山杉を育て、伐採し、売るという現実の（鈴木大拙風にいうなら「大地」の）仕事に生きている苗子にとって「幻」に見えるものは、もともと幻とうつつの区別がつかない千重子にとっては、強いて「幻」と言挙げするまでもない、日常そのものであるからだ。

その「幻」を感じるために、ひとびとも、わたしも、毎年毎年、祇園祭の宵山に出かけるのである。

うつつをも現《うつつ》とさらに思はねば夢をば夢と何かおもはむ　西行

第五章
四条から八条まで

後白河法皇像(「天子摂関御影」宮内庁蔵)

1　「裏京都」はどこにある

†「裏京都」

いま、大和大路通を四条から南に下っている。建仁寺を過ぎると、左（つまり東）に六《ろく》道珍皇寺《どうちんのうじ》がある。少しここに寄って行こうか。

建仁寺のすぐ南、六波羅蜜寺の少し北に六道珍皇寺がある。ここは、昼間は宮廷に通う小野篁《おののたかむら》（八〇二～八五三）が、夜になると自分の家の井戸に入って冥界のひとたちとコミュニケーションしていたという場所である。この井戸は普段は見られないが一般公開している時期には見ることができる。

観光地図や観光ガイドブックに出ている清水寺とか二条城とか金閣寺とか、そういうだれでも行くようなところ、つまり京都というとみなが思い浮かべる場所が、「表京都《おもてきょうと》」である。

しかし実際の京都というのは表と裏の両面で成り立っている。わたしがお薦めしたいのは「裏京都《うらきょうと》」を見ることである。六道珍皇寺などは、いまやふつうの観光客にも有名にな

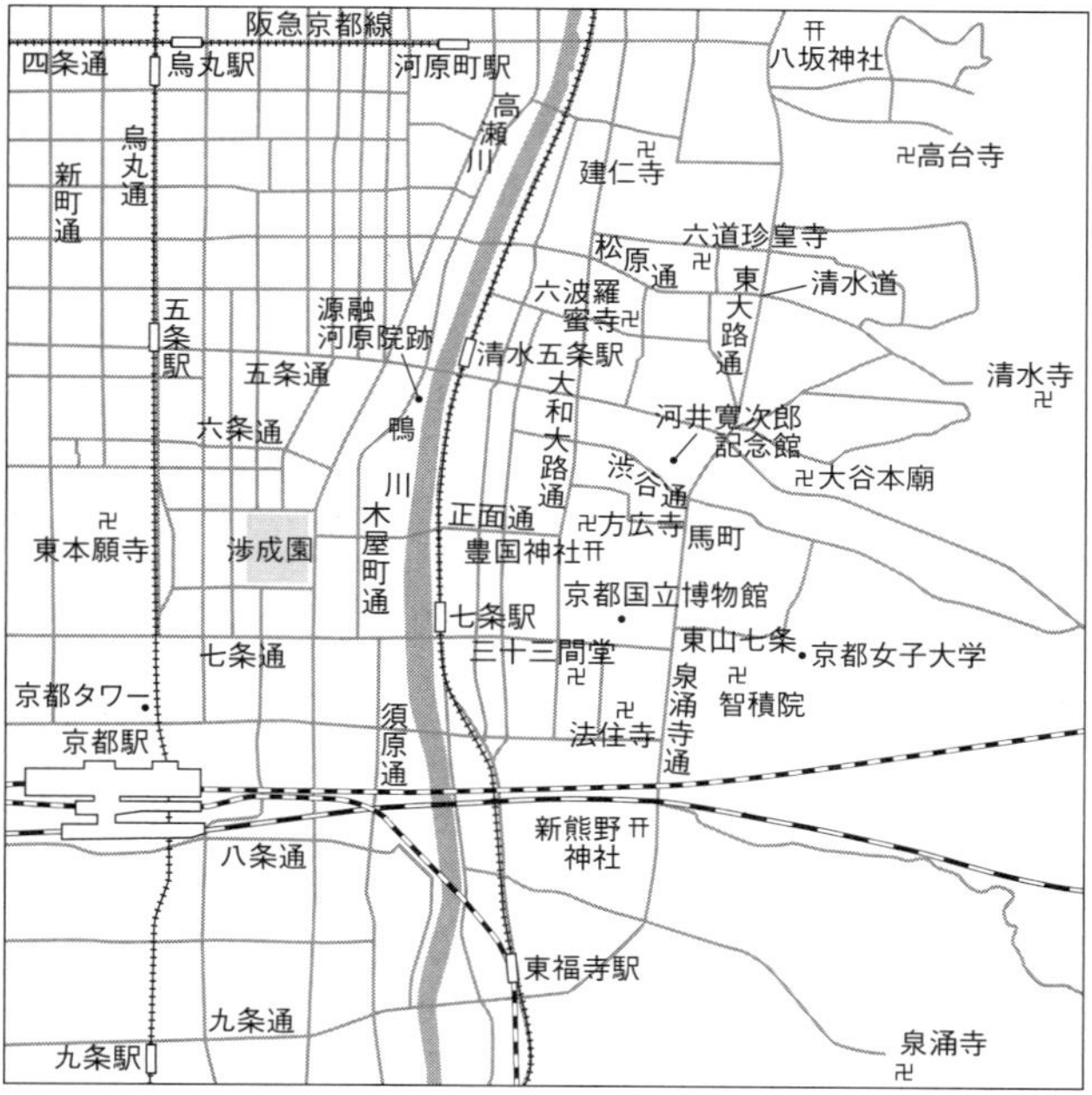

地図６

ってしまった、「裏京都」の代表格といえるだろう。

まちの土地から出てくる悲哀や怨念のエネルギーというものをどれだけ感知できるか、ということが、京都を歩くときには重要だ。最近は、「スピリチュアル京都」とか「魔界京都」「異界京都」「裏京都」「ディープ京都」などというテーマが、観光雑誌や京都本の人気企画になっているほどだ。

だが、「裏京都」は、六道珍皇寺や千本通（妖怪で有名)など特定の場所のみにあるのではない。市街だけでなく川や山を含んだすべての面にびっしりと、「裏京都」は密集している。「どの寺が裏京都か」「どの神社が裏京都か」ということではない。すべての場所に、悲哀と怨念の結晶した「裏」が、「表」とまさに表裏一体となって、うごめいているのである。

それはあたかも国学者の平田篤胤《ひらたあつたね》(一七七六～一八四三)が、幽界や異界というものは、どこか遠くの場所にあるのではなく、まさにわたしたちが生きているこの世界に、目に見えないかたちでうごめいているのだ、としたのと似ている。「裏京都」は、実は京都のいたるところに、二条城や清水寺などの「表京都」にも、遍在しているのである。

†鴨川と「裏京都」

京都は狭い。この逍遥の出発点にした京都大学付近は一条。京都旧市街の一番北側である。一条、二条あたりは平安貴族が住んでいた邸宅があった場所だ。彼らはみやびな文化的活動をした。伝統的にいえばもっともハイブローな場所である。一条から三条までは、かなり間隔が大きい。三条になると町人が住人となる。四条は完全に庶民の街である。歌舞伎を始めた出雲の阿国《おくに》が初めて鴨川の河原で踊ったのもこのあたりである。だから三条、四条は完全に庶民のエネルギー、街場のエネルギーが渦巻いている場所である。五条はかつてのまちはずれだ。光源氏のモデルとなったといわれる源融《みなもとのとおる》の邸宅は、特定はされていないが、この辺りから七条にかけてあったといわれる。五条、六条、七条は間が狭い。京都駅は七条と八条の間にある。そして九条まで来て、京都旧市街は終わる。通り名の唄でいえば、「はっちょう（八条）こえればとうじ（東寺）みち、くじょうおおじでとどめさす」のである。

この市街の東よりに、鴨川が南北に流れている。京都のひとは、この川を利用してなんでもやった。染色もしたし生活のために水をいろいろ使ったので、かつての鴨川はいろいろな色に染まっていたという。また同和地区ではかつて、職業として動物を扱うしごとがある場合があった。動物の皮を使って雪駄を作るなど。動物の身体を使ってなにかの道具をつくるというのが生業として非常に重要だったわけである。その動物を処理するのは川辺がいい。

また川辺のしごととして非常に重要なのは、ひとの処刑であった。

三条、四条のあたりは主に政治犯が処刑される場所であった。江戸時代までは、政治犯を処刑するのは政権としては一番重要である。そして六条から七条あたりが、今でいえば強盗殺人のような一般犯罪のひとたちが処刑された場所である。処刑するにも等級がある。重要なひとたちを処刑する場所とそうでないひとを処刑する場所の別があった。ちなみに大盗賊の石川五右衛門（?〜一五九四）は三条河原で家族とともに大釜で煎られたとされる。その釜が流れ着いたといわれる場所（釜ケ淵）が十条付近にある。

†葬る場所

そのほか、いろんな意味での「裏京都」がある。ひとが葬られる場所も、重要な「裏京都」のひとつだ。

京都ではひとが死んだときに葬る場所がいくつかある。清水寺の東側から南に下って、今熊野《いまくまの》あたりまでの山。ここは鳥辺野《とりべの》と呼ばれ、貴族が葬られる場所であった。七条の下に泉涌寺《せんにゆうじ》《せんにようじ》がある。この寺は皇室の墓があるので有名だ。いずれにせよ東山は、死の匂いの濃い場所である。

『**伊勢物語**』五十九に、不思議な逸話《アネクドート》が収められている。昔、男が、東山に身を隠して住もうと思った。ひどく病んで、ついに死んだのだが、顔に水を注いだところ、生き返ったのだという。天の河を漕ぐ舟の櫂《かい》から落ちた雫《しずく》が自分の顔に落ちて蘇生した、と男は歌を歌ったというのだ。

むかし、をとこ、京をいかが思ひけむ、東山《ひんがしやま》に住まむと思ひ入りて、

住みわびぬ今はかぎりと山里に身をかくすべき宿求めてむ
かくて、ものいたく病みて、死に入りたりければ、おもてに水そそきなどして、いき出でて、
わがうへに露ぞおくなる天の河門《と》わたる舟の櫂《かい》のしづくか
となむいひて、いき出でたりける。

東山というのは、ただ単に死と連合した場所なのではなく、死と生とが自由自在に往還することのできる場所だったこと、そしてその往還には、宇宙の星々（天の河）が深く関係していたことが、この逸話からよくわかる。現在、東山に京都大学の天文台（花山天文台）があるのも、**『伊勢物語』**となにかの縁があるのか。知らぬ。

さて、庶民はどこに葬られたのかというと、ひとつは六波羅蜜寺のあたり、京阪・清水五条駅のすぐ近くである。庶民はこのあたりに捨てられるような格好で葬られた。かつて小学校を建てるときに土を掘り返したら、骨がたくさん出てきたという。

六波羅蜜寺あたりは平地であるが、鳥辺野は山である。貴族は山に比較的きちんと葬られたわけである。庶民は墓もつくらないで遺体がそのまま葬られていた。

もうひとつ、葬られる場所として有名なのは、千本通の北の船岡山のあたり。そしてこの千本通は、京都では有名なお化けの場所である。京都では妖怪学というのが結構盛んだが（その中心は国際日本文化研究センターである）、妖怪が出るところとしてもっとも有名なのが、この千本通である。千本通の北は特に流行病などで死んだひとが、なかば捨てられるような場所だった。死者を弔う場所として、北の船岡山のあたりに卒塔婆がたくさん立てられたという話である。それで千本という。

†清水寺

六道珍皇寺から東に行って東大路通に出ると、そこは清水道である。東（つまり左）のほうに清水寺の塔が見える。

清水寺は坂上田村麻呂《さかのうえのたむらまろ》（七五八〜八一一）の寺である。彼は百済系の人物で、征夷大将軍だ。蝦夷を掃討した。桓武天皇の命である。

桓武天皇についてどうしても許せないのは、蝦夷の討伐だ。

桓武天皇は、蝦夷を次のように表現している。「**夷虜《いりょ》は、乱常《つね》にして、梗《こう》をすること已《や》まず。追へば鳥のごとく散り、捨つれば蟻のごとく結ぶ**」（『**続日本紀**』巻三十七、桓武天皇、延暦二年六月）。まるで見てきたかのような口ぶりではないか。

坂上田村麻呂に降伏し、京都に連れてこられた蝦夷の統率者である阿弖流為《アテルイ》（？〜八〇二）と母礼《モレ》は、朝廷での議論のすえ、河内国で惨殺された。田村麻呂は助命を建議したというが、聞き入れられなかった。

千二百年以上まえの怨みと悲哀がいまでも残存する。清水寺では一年にいちど、阿弖流為と母礼の鎮魂のための行事をおこなっているという。

2 源融と高瀬川

†源融と六条河原院

清水寺のほう、つまり東大路通のほうへは行かず、大和大路通に戻って、五条まで下がろう。五条通に出たら右（つまり西）へ行く。鴨川に出る。

いまの五条大橋の西端から二十歩ほど南に下がると、鮮やかな緑いろの苔に覆われた老大木が一本、孤絶した姿で立っている。これこそ、源　融《みなもとのとおる》（八二二〜八九五）の河原院《かわらのいん》（六条河原院とも）の名残の樹であるといわれる立派な榎《えのき》である。樹の肌にそっと触れてみると、指先にずっしりとした星霜の重みが伝わってくるようだ。もし本当はこの樹が河原院のものでなかったとしても、この土地に立っているというだけで、かけがえのない価値を持つ。

源融は能「融」で有名な平安初期の貴族であった。最高位は左大臣。ゆえに河原左大臣と呼ばれる（「小倉百人一首」など）。『源氏物語』の作者（紫式部といわれる）が主人公・光源氏を創造したときのモデルといわれる。いまの五条から塩小路までがその敷地だったという説もある大邸宅をこの地に持った。庭園には、難波の海から海水を運び込ませてつくった塩の山を築いたというのが有名な言い伝えだ。

だがその邸宅・河原院は融の死後に荒れ、鴨川の洪水によって原型をうしない、平安時代末期には源平のいくさなどにより完全に亡失したという。

世阿弥が能「融」を書いた頃のこのあたりは、どのような風景になっていたのか。知らぬ。

いずれにせよ、この融の時代あたりから、平安京のみやびの美意識が徐々に芽生えてくる。阿保親王の子である在原業平（八二五〜八八〇）も、融と同時代の人物である。

融も在原業平も桓武天皇の裔《すえ》となる。融は桓武天皇の孫であり、業平は桓武天皇の子である平城天皇の第一皇子・阿保親王の子である。おまけに業平の母は桓武天皇の皇女である伊都内親王であった。

このことはなにを意味するのか。桓武天皇の生母・高野新笠が百済系であったことを勘案すれば、平安時代のみやびの美意識というのは、百済の世界観からなんらかの強い影響を受けていると考えるのが自然ではないだろうか。つまり第三章で述べたことと考え合わせるなら、中華グローバリゼーションに焦点を合わせようとした桓武天皇の試みは、二世代ののちの自分の裔たちから、反撃をくらうことになったのではないか。

†塩をめぐって

源融が、河原院に塩の山をつくったのはなぜだったか。陸奥国塩釜の風景をそのまま移そうとした、というのが定説だが、それではなぜ、塩釜の風景を移そうとしたのか。単なる風雅のおこないだったと解してよいのか。

おそらく、そうではないだろう。

融は、嵯峨天皇の子であり、桓武天皇の孫である。一説には、源氏（嵯峨源氏）に臣籍降下した身分のまま、自身の皇位継承権を主張したとも伝えられる。藤原氏によってこの主張は却下されたが、嵯峨天皇の時代は、薬子の変があり、平城天皇との二所朝廷の時代であり、まだ平安京は不穏さを濃厚に漂わせていた。嵯峨天皇には子女が多く、ために朝廷の財政を圧迫したため、多くの子を源氏に臣籍降下させた。そのような背景のなかで、融が自邸に塩釜を再現させたのはなぜなのか。

わたしの推測なのだが、塩をめぐる利権の掌握という政治的闘争があったのではないだろうか。だがわたしは歴史家でないので、そこのところはわからない。あくまでも推測である。

塩がまのうらみになれてたつ烟辛《つら》きおもひはわれひとりのみ　藤原定家

ああ、定家はまこと、近代人である。「つらきおもひはわれひとりのみ」。この孤独は、日本文明の脊梁《せきりょう》として古代から現代まで、脈々とつづいている悲哀である。超越神や天理という普遍的な原理が成立できない世界で、共同主観というよるべなき不安定な方法によってしか社会を構築できない日本社会。その社会に生きることのよろこびと孤独を、「つらきおもひはわれひとりのみ」という言葉は正確にあらわしている。

†橋と美と生政治

五条と七条のあいだが六条なのは当然だが、この六条というのは実に地味で目立たない通りである。そもそも六条には、鴨川を渡る橋というものがない。三条、四条、五条、七条、九条、十条には橋があるが、六条と八条にはないのだ。
橋といえば、日本浪曼派の巨匠・保田与重郎《やすだよじゅうろう》（一九一〇〜八一）だ。彼の著名なエッセイ「**日本の橋**」（一九三六）に、次の一節があるのはよく知られている。

京阪の風水害で京都の橋の大半が流されたのは昭和十年のことである。その夕べの新聞で愕き、心から惜しまれてならなかった。あのあたりには他よりなつかしい身寄りの者もいたが、その水に生死を賭しているかもしれぬ人々の安危を思うまえに、私はくりかえして橋の復興を案じていた。暮しをくつがえされた人々を思うよりも、生命もなく美的芸術でもない橋を思って、何にもならぬことを偽りない本心で案じていた。

これこそ、唯美派の真骨頂というべき世界観だ。現代の似非《えせ》道徳主義者が聞いたら激怒するだろう。天変地異の被害をこうむっている地域のひとの安否よりも、橋のほうがよほど大切だ、と保田はいう。彼が橋のことを「美的芸術でもない」といっているのは、権威によってオーソライズされた陳腐な「芸術品」ではない、という意味であって、「美ではない」といっているのでないのはもちろんだ。
わたしはふたたび、自分が唯美主義者であるかどうか自問する。唯美主義者の根底には、ニヒリズムがある。ひとびとが肉体的生命、生物学的生命のみに固執して、その生命の維持・品質管理という尺度によってのみこの社会をつくろうとしていることに、かぎりない絶望を感じる。自己の生物学的生命のクオリティの確保にのみひとびとの関心が集中してしまえば、イヴァン・イリイチのいった「医療化」の弊害を増幅させることになる。医療専門職がその専門性によって、人間の生と死を支配する現象である。たとえば、これまで病気とされていなかった現象が、医療専門職によって「病気」「異常」と判定され、「治療」「予防」などの医療的な介入を受ける。そしてひとびとは自己の肉体的生命が大事なので、率先してその介入を受け入れるようになる。その結果、生のすみずみまでが医療という名の巨大な権力に統御され、支配されるようになるのだ。

そして究極的には、フーコーのいう「生権力」を国民が強固に支持することになる。近代以降の政治権力というのは、国民の生命を奪う権力ではなく（中世ではそうだった）、むしろ逆に国民の生命を維持し、管理し、統御し、規律化する権力（これを生権力という）となった。国民の生命をよりよい状態に管理するのが政治権力の役割となったとき、国民はこの政治権力に対抗することが困難となる。ひとびとは自己の肉体的生命を大事だと考えるのだから、それを手厚く管理してくれそうな権力とその政治を歓迎してしまうのだ。かくして生権力は、被統治者の抵抗どころか歓迎を受けつつ自らを強大化させることができる。医療費のこれだけの肥大化にもかかわらず、というか肥大化のおかげで、のうのうと権力行使をたのしんでいる日本の政権などは、世界に冠たる生権力の典型である。

わたしの考えでは、この生権力に抵抗する道はいくつか残されている。ひとつは、唯美主義に生きることである。肉体的生命よりも美のほうが大事である。災害の被害者も大事だが、橋の美もそれに劣らず大事である。そのような主義を持った者がもっと増えなければ、この日本は、「人道」という名を持った生権力型の腐敗にさらにまみれることだろう。もうひとつの抵抗の道は、自殺である。生権力にとって、もっともコントロール不可能なのは、国民が自殺してしまうことである。唯美主義の自決者であった三島由紀夫はだから、生権力に対する根源的な抵抗をしたひとだといえる。だが、まさか自殺を推奨することは決してできないので、この方法を追求することはできない。

抵抗の道はまだある。国民すべてが肉体的生命第一で生きること、つまり、生権力のたくらみのままに生きることである。日本はすでにほぼそのような社会になっている。この道を突き進めば、どのみち財政は破綻してその国家は崩壊するのだから、長い目で見ればこれこそもっとも究極的な、生権力への抵抗なのだ。からだの具合が悪くないから病院に行って時間をつぶすひと、からだの健康第一で多くの薬を飲みまくっているひと、からだ、からだ、からだが大切なひとびと……これらのひとびとこそ、生権力の根源的な破壊者なのである。
ああ。

†高瀬川

五条橋の西たもとから、木屋町通《きやまちどおり》を下がる。この小道に沿って、高瀬川が流れている。角倉了以《すみのくらりょうい》（一五五四～一六一四）と素庵《そあん》（一五七一～一六三二）父子が一六一一年からつくった。二条から伏見まで流れていた。方広寺の大仏を再建するというので材木などを高瀬舟（曳舟《ひきふね》）で運んだのである。

五条から七条までの高瀬川べりは、江戸時代に大いに賑わった。都と大坂を行き来する物資の運搬の拠点だったのである。いまでもこのあたりには富浜とか内浜、菊浜などという地名が残っているとおり、かつてここは「浜」だった。大坂から淀川、宇治川を遡って伏見へ運ばれ、そして伏見から高瀬川で七条まで運ばれてきた荷物は、ここで陸に上げられるのだった。そういう場所は、当然、男たちで賑わう。だからここには、かつて遊興の店が櫛比《しっぴ》していたという。五条寄りに上がればそこは五条楽園という遊郭である。いまでは往時の喧騒の面影はいっさいなく、ひっそりと静かなまちになっているが、ただひとつ、お茶屋本家三友という大店《おおだな》の立派な建物が、華やかなりし往時を偲ばせる佇まいで建っている（営業はしていない）。

このあたりはわたしがときどき散歩するコースなのだが、最近、若い西洋人をたくさん見かける。単なる旅行者ではないようだ。生活感がある。ルームシェアをして暮らしているような雰囲気である。このあたりはやはり、一種不可思議で魅力的な空気を醸し出しており、その悲哀の力が外国人を惹きつけているのかもしれない。

この一帯には、江戸時代から任侠の徒も出入りしていたであろう。少し七条のほうに下がるとそこには、京都最大のやくざ組織である会津小鉄会《あいづこてつかい》の総本部がある。

ここからほど近い東九条にかつて朝鮮人の集住地域があったが、六十年以上前、そこの十九歳の美少年が、七条通と須原通《すはらどおり》がぶつかるあたりで突然血を吐いて死んだ。ギラギラと狂ったような太陽がアスファルトを直射する真夏の日だったという。わたしの知り合いの在日韓国人の甥っ子だった。「やくざにだまされたんや。ええ子やった。一本気で、やさしうて、悪いことが大嫌いやった。きれいな顔の子やった」と知り合いは昨日の出来事のように語り、須原通のかたわらで、六十数年後のきょうも泣く。

✝森鷗外「高瀬舟」

さて、高瀬川といえば森鷗外《もりおうがい》（一八六二～一九二二）の小説「高瀬舟《たかせぶね》」であろう。一九一六年に発表されたこの短編は、日本ではじめて安楽死をテーマにとりあげた作品だといわれる。
寛政のころ、京都でひとを殺した西陣の貧しい職人である喜助《きすけ》は島流し（遠島）の刑となり、高瀬川を運行する高瀬舟に乗せられて、大坂まで連れて行かれる。護送する役目を担うのは京都町奉行配下の同心・羽田《はねだ》庄兵衛《しょうべえ》である。舟のなかでたいていの罪人は、悲嘆に暮れるが、この喜助は妙に明るい。庄兵衛は喜助にそのわけを尋ねる。そこで喜助が語ったことが、安楽死に関することだったのである。

庄兵衛はその場の様子を目《ま》のあたり見るような思いをして聞いていたが、これが果して弟殺しと云うものだろうか、人殺しと云うものだろうかと云う疑《うたがい》が、話を半分聞いた時から起って来て、聞いてしまっても、その疑を解くことが出来なかった。（中略）喜助はその（弟の）苦を見ているに忍びなかった。苦から救って遣ろうと思って命を絶った。それが罪であろうか。殺したのは罪に相違ない。しかしそれが苦から救うためであったと思うと、そこに疑が生じて、どうしても解けぬのである。

鷗外はこれを「ユウタナジイという。楽に死なせると云う意味である」と説明している

（「**高瀬舟縁起**」）。euthanasia の訳語として安楽死という日本語ができる数十年もまえ、大正時代に、このテーマを先駆的に扱った鷗外はやはりすごいといわざるをえない。

3　正面から東山七条へ——殉教と侵略と『梁塵秘抄』

†元和キリシタン殉教

高瀬川から離れて、正面通を東へ進む。六条よりやや南側を東西に走っているのが正面通である。なんの「正面」かというと、かつて豊臣秀吉がいまの京都国立博物館の北側に造営した大仏の正面なのである。いまはもちろん大仏はない。奈良の東大寺の大仏より大きかったという。

六条に橋はない。そのかわり、正面通の橋がある。この橋を東に渡ると、たもとあたりに、丸い鞍馬石の石碑が立っている。これこそ、元和《げんな》年間にこの地で処刑されたキリスト教信者の魂を鎮めるための碑である。京都は江戸初期まで、キリシタンがもっとも活発に信教活動をしたまちのひとつだった。元和年間になって京都、長崎、江戸で大々的なキリシタン処刑が行われたが、ここ京都では長崎（一六二二年、五十五名処刑）や江戸（一六二三年、五十一名処刑）に先駆けて、一六一九年十月六日の黄昏どきに、五十二人の信者が火刑に処せられた。うち男が二十六名、女が二十六名だった。十五歳以下の子どもが十一名いたといわれる。この処刑の地がまさに、この正面通の川辺だった。なぜここだったのか。それは、この通りの東側に大仏があったので、処刑者たちをその大仏に面と向かわせるためだったといわれる。

この小さな石の殉教碑は、一九九四年に、カトリック京都教区のひとびとによって建てられた。杉野栄牧師はいう（『京のキリシタン史跡を巡る』三学出版、二〇〇七）。

ちいさな石ですけれどもこの石に比べてあまりにも大きな栄光の証しは、この地に永く記念されていかなければなりません。

五十二人の処刑に際して、磔《はりつけ》の木柱は二十七本。一本の木に、同じ家族のひとなど何人ものひとがしばりつけられたものもあったという。殉教者は時に五十三人と数えられるが、それはひとりの女人が赤ん坊を身ごもっていたといわれるからだ。親だけでなく子どもたちも、火にあぶられる最後の最後まで、祈りを捧げながら立派に焼かれた。大仏の顔に面と向かいながら、天に立ち上る凄惨な火に包まれて焼かれるキリシタンたちの栄光よ。その信仰の強さの栄光よ。肉体的生命は滅びても、霊の生命は永遠なのだ。

なお、巨大な大仏（殉教のときのものは二代目の大仏だった。初代は一五九六年に地震で倒壊）もまた結局、元和殉教のあと一六六二年の地震で倒壊した。その後、木造の大仏（三代目）が同じ場所につくられたが、これも一七九八年、落雷による猛火にあぶられてあとかたもなく焼尽した。

†耳塚

正面通を東へ進もう。京都国立博物館へと向かう道だ。

豊国神社の西に「耳塚」がある。これは豊臣秀吉が朝鮮に出兵して侵略したときのものである。昔の戦《いく》さというのは、ひとりひとりの侍が何人殺したかという手柄を報告して褒美をもらっていた。だがいちいち朝鮮から死体や首を持って来るわけにいかないから、耳や鼻を削いで樽に塩漬けにして持ってきたといわれる。耳といっても実際は鼻が多かったらしいが。

耳塚は、朝鮮で削ぎ取られた耳や鼻を供養している大きな塚、土まんじゅうである。在日コリアンや韓国人がいまでも祭祀をしている。わたしの知り合いの在日韓国人も、毎年ここで古式豊かに祭祀をする。韓国の歴史の教科書にも、この耳塚をめぐる悲惨な歴史が記載されてある。

豊臣秀吉は京都では評判のよい人物である。徳川家康が京都の栄光を奪って江戸に中心を移そうとしたのと対比すれば、たしかに秀吉は京都を思う存分、豪奢な栄光に包ませようとした。だが朝鮮から見れば、秀吉は単なる侵略者にすぎない。秀吉の朝鮮侵略が明攻略の一環だとかキリスト教勢力の東漸阻止だとか、はたまたキリスト教勢力と結んで明攻略をはかったとか、いかなる目的を持っていたとしても、罪のない朝鮮民衆を無数に殺戮したことの罪は、許されてよいわけは絶対にない。

なお、この耳塚を取り囲む玉垣に寄進者の名前がずらりと彫られているが、それは次のようなものだ。「大阪　中村鴈治郎」「中村魁車」「中村扇雀」「中村玉三郎」「澤村宗十郎」「市川八百蔵」「大阪　秋月桂太郎」など。そのほか「尾上」「市川」「中村」「坂東」「嵐」「竹本」「実川」などの名字がずらりと並んでいる。耳塚の寄進者にこれら芝居関係者が多いというのは、いったいどういう理由なのか。大正時代の伏見の侠客がこれに関係しているともいわれるが、それはいったいなぜなのか。

知らぬ。

†馬町と空襲

耳塚から東にやや行くと、方広寺と豊国神社に当たる。ここは完全に豊臣秀吉のエリアだ。豊国神社にはいらず、北に行く。道が狭くなる。渋谷通《しぶたに》に出たら、それを東に行こう。馬町《うままち》の交差点まで行かず、その一本手前の小路を上がると、そこに河井寛次郎《かわいかんじろう》記念館がある。河井は柳宗悦とともに、京都における民藝運動の中心人物のひとりだった。このあたりはゆえあって、一時期わたしは毎日のように通った場所である。

京都が第二次世界大戦で原爆の標的になっていたのは有名だが、原爆だけでなく通常の空襲も免れた都市といわれている。だが、実は五ヵ所だけ、空襲の被害を受けている。馬町（死者三十〜四十人）、春日町、太秦《うずまさ》（死者二人）、御所、そして西陣（死者五十人）である。馬町は一九四五年一月十六日に空襲を受けた。その中心地と思われる場所に、空襲を記憶するための碑が立てられてある。

†馬町から東山七条へ

渋谷通を馬町のほうへ行かず、東大路通を南へ行ってみよう。左側はかつて大きな病院があった場所だが、いまは外資系の高級ホテルがひっそりと建っている。このホテルが建築中のときは、「どんなホテルが建つのやろか」とぼんやり見ていたが、やがて姿を現わしてきた外観を見て、「これ、なんや。いくら京都風いうたかて、いたずらに茶色く塗ったらええというもんやない。この外観は、いうたら京大のあたらしい（風情のない）吉田寮と同じやないか」と思ったものだ。京都に住んで十三年、ようやくわたしも京都ふうの言葉を少ししゃべれるようになった。うれしいなあ。

ホテルから少し南に下がると東山七条。

七条は「しちじょう」やなくて「ひっちょう」やから。「しちじょう」いうたらよそもんや。「ひちじょう」でもあかん。「ひっちょう」いわなあかん。

わたしの母は東京下町育ちの江戸っ子だから、「ひ」を「し」といっていた。「おいしいコーシー」。いまわたしは京都弁やさかい、「し」を「ひ」という。「ひっちょう」。ええひびきや。

ひんがしやまひっちょう（東山七条）の交差点の手前で左（東）に登って行くと、そのあたりはすべて、京都女子大学と附属の高校、中学、小学校の敷地である。学校まで登って行く道を、女坂《おんなざか》という。女坂を登りつめてさらに行けば、そこは豊国廟《ほうこくびょう》、つまり豊臣秀吉の廟である。

女優の藤純子《ふじじゅんこ》（いまの富司純子《ふじすみこ》）は一九六〇年代の前半、この京都女子高等学校に通う女子学生だった。父親が東映のプロデューサーだった関係で、映画監督のマキノ雅弘に認められ、女優への道を歩み始める。

藤純子はやはり、マキノ雅弘でないと困る。

なぜか。

藤純子という女の〈いのち〉をもっとも鮮明に立ち現わすことのできる監督が、マキノだったからだ。

『昭和残侠伝　唐獅子仁義』（東映、一九六九）が、おそらくは、最高傑作であろう。マキノ雅弘、藤純子、高倉健、池部良の黄金チームが、この作品の〈いのち〉を立ち現わした（脚本は山本英明、松本功）。この四人のうち、どのひとりが欠けても、美は立ち現われなかったであろう。つくられたのは、例の、一九六九年である。百万遍で高橋和巳が破壊的な暴力闘争のなかで呻吟していたとき、太秦《うずまさ》では任侠映画の最高傑作が撮られていたのだ。

ああ、藤純子。

ため息を出して、先に進む。

†今様と後白河法皇

東山七条の交差点。

このあたりは後白河法皇（一一二七〜九二）の〈たましひ〉が漂っている場所である。

この交差点から三十三間堂までのあいだが、かつて法住寺の広大な伽藍があった場所で、後白河法皇が好んで通った場所であった。法皇の廟は交差点の西南にある。法住寺は、伽藍が縮小されたいまでも、三十三間堂の東側にひっそりと佇んでいる。表側（七条通）ではなく、泉涌寺通の東山七条から一本手前（新熊野神社側）の道を、西にはいってみよう。静かな住宅地が続いたあとに、法住寺が現われる。
後白河法皇は、このあたりで夜な夜な、歌と踊りに明け暮れた。

そのかみ十余歳の時より今に至る迄、今様を好みて怠る事なし。遅々たる春の日は、枝にひらけ庭にちる花を見、鶯のなき時鳥《ほととぎす》の語らふ声にも其の心をえ、せうせうたる秋夜、月をもてあそび、虫の声々に哀をそへ、夏は暑く冬は寒きを顧みず、四季につけて折を嫌はず、昼はひねもすうたひ暮し、夜はよもすがら唄ひ明さぬ夜はなかりき。（『梁塵秘《りようじんひ》抄口伝集《しようくでん》』巻第十）

後白河法皇が好んだのは、今様であった。もっとも人口に膾炙《かいしや》した次の歌などは、この時代の雰囲気の「よい」側面を伝えている（以下の引用はすべて『梁塵秘抄』巻第二より）。

遊びをせんとや生れけむ、戯れせんとや生れけん、遊ぶ子供の声きけば、我が身さへこそ動《ゆる》がるれ。

だが『**梁塵秘抄**』全編をつらぬく基調は、デカダンであり、人心の爛熟でもある。その背後に、強烈な悲哀がある。

わが子は十余《とおよ》に成りぬらん　巫女《こうなぎ》してこそ歩《あり》くなれ。

「巫女《こうなぎ》する」とは、シャーマンとして神と交通することだが、風俗としてはそれだけではなかったろう。神と交通するシャーマンの身体は、世界のどの文化圏でも、禁止とそれの侵犯というバタイユ的な意味で、エロティシズムの絶頂を立ち現わす。この「巫女」する少女は、「歩き巫女《みこ》」といって、諸国を放浪する底辺の巫女だという。この今様の後半では、この少女が、年端がゆかぬからといって言葉巧みにいいがかりをつけられ、結局嬲《なぶ》りものにされた、と歌う。乱れ世のひとの悲哀である。

当時の風俗として、舞いと博打と恋に明け暮れる民衆の姿が浮かび上がる。

わが子は二十《はたち》に成りぬらん　博打《ばくち》してこそ歩《あり》くなれ。

このごろみやこに流行るものは、おうたい髪々、似非《えせ》の鬘《かづら》（または神楽）、しおゆき、近江女《おうみめ》、女冠者であり（以上に関しては、それぞれなにを指しているのか未詳。この時代の頽廃的な風俗を指しているものと思われる）、尼はすべて長刀《なぎなた》を持っている、と今様は歌う。身の安全のためであろう。頭《かしら》白き翁《おきな》どもが若い女を好み、尼姿となった姑《しゅうとめ》は嫉妬に狂う。とにかく色好みの多い世の中だ。その色好みも、『源氏』の貴族の風雅な世界とは異なって、民衆の性的なリビドーが極限に達したような感じ。すさまじい。

美女《びんじょう》打見《うちみ》れば、一本葛《ひともとかずら》ともなりなばやとぞ思ふ、本《もと》より末《すえ》まで縒《よ》られればや、斬《き》るとも刻むとも、離れ難《がた》きはわが宿世《すくせ》。

†平安時代の前衛思想

和歌から見れば、今様は今様にすぎぬであろう。たしかにできの悪い和歌もどきのようなものもある。しかし今様には、和歌にない力がある。それは、民衆の思想である。

たとえば、恋。

貴族たちがレトリックを駆使して、

恋ひ死なむわが世の果てに似たるかなかひなく迷ふ夕暮の雲　藤原良経

我が恋よ何にかかれるいのちとてあはぬ月日の空に過ぐらむ　藤原定家

と歌うなら、今様は、

恋しとよ君恋しとよ床《ゆか》しとよ、逢はばや見ばや見ばや見えばや。

わが恋は一昨日《おととい》見えず昨日《きのう》来ず、今日音信《おとずれ》無くば明日の徒然《つれづれ》如何にせん。

と直截に歌う。

また『**梁塵秘抄**』を読めば、十二世紀の後半にすでに、庶民の側からの君民平等論や、親鸞が「**善人なをもて往生をとぐ、いはんや悪人をや**」と定式化する悪人正機説が、「今様」という形式で歌われていたことがわかる。

真言教のめでたさは、蓬窓宮殿《ほうそうくでん》隔てなし、君をも民をも押しなべて、大日如来と説いたまふ。

弥陀の誓ぞたのもしき、十悪五逆の人なれど、一たび御名《みな》を称ふれば、来迎引接《いんじょう》疑はず。

これは今様という歌（いまでいう流行歌、あるいはラップ）のかたちで、当時の「前衛思想」を唱えたものである。つまりこれは宗教歌であり、同時に思想歌なのであった。

4 今熊野——世阿弥

†今熊野と世阿弥

東大路通は東山七条あたりから泉涌寺通《せんにゆうじどおり》と名前を変える。泉涌寺通はさらに南に行って第一日赤病院を過ぎると急に右（西）のほうにほぼ直角に曲がり、東福寺（左側）と万寿寺（右側）のあいだを過ぎて高架になり、そのまま九条通へとつながる。

東山七条から泉涌寺通に出る。このあたりが今熊野である。若きドナルド・キーンが京都大学留学時に下宿した場所だ。第一章で語った伊東静雄の永遠の憧れであった酒井百合子が住んでいたのも、この今熊野であった。

しばらく歩くと、右側に新熊野《いまくまの》（今熊野とも）神社がある。そのすぐ南側に、かつて、夢の浮橋があった。

春の夜の夢のうきはしとだえして嶺に別るるよこぐものそら　藤原定家

定家三十七歳、円熟したロマンティシズムの絶頂である。もちろんこの歌の「夢のうきはし」は現実の橋を歌ったわけではないが、かつてここに現実の「夢の浮橋」があったことを記憶しておいてもよい（ただし定家の時代以後の建造）。

さて、わたしは一時、新熊野神社にしばしば用事があって出かけていた。神木である大きな楠《くすのき》が実にみごとである。また、境内の裏には、熊野道が縮小されて再現されており、京における熊野の役割をなしている。

この神社では八咫烏《やたがらす》の小さな人形を売っている。わたしの知り合いのあるひとが、心身とも極度に苦しんでいるとき、この八咫烏の人形を買って、家の玄関に置いておいた。するとある日突然、だれもその人形に触れていないのに、人形が床に落ちて割れた。きっとその苦しむ知り合いの身代わりになってくれたのだと、こころから信じることができた、そのようにありがたい八咫烏である。

そして、この神社こそ、年若い世阿弥《ぜあみ》（一三六三?～一四四三?）が父・観阿弥《かんあみ》（一三三三～八四）とともに、はじめて将軍・足利義満（一三五八～一四〇八）のまえで申楽《さるがく》を舞った場所である。一三七四年または一三七五年のことといわれる。いまから六百四十年以上もまえの話である。

†世阿弥はアバンギャルド

世阿弥はモダン。世阿弥はあたらしい。世阿弥はアバンギャルド。世阿弥は革命児。世阿弥はプログレッシブ。……こういう言葉に世阿弥ほど似合う芸術家はめずらしい。世阿弥でなくても、あたらしいジャンルや様式をつくりあげたひとはもちろんすべてアバンギャルドなのだが、世阿弥こそはもっともこの言葉にふさわしい感じがするし、また、だれかが「世阿弥は永遠の前衛」などと語ることに違和感を抱くひとは、現代日本にほとんどいないだろう。それほど「世阿弥＝アバンギャルド」という等式は、陳腐でさえある。むしろ「世阿弥は前衛」という認識はいまや「政治的に正しい（ポリティカリー・コレクト）」

言説になってしまっていて、「多様性はよいことだ」というのと同じくらい内容のない空疎な言葉だ。

ついでにいえば、千利休もまた、アバンギャルドという言葉と空虚に結合している固有名詞のひとつである。その空虚性はおそらく、巨大な利益共同体の政治的な圧力に起因している。立花の池坊家や浄土真宗の親鸞を語る言葉も同じだ。京都というまちでは、「世阿弥はアバンギャルド」「千利休は革命児」「池坊専応はモダン」「親鸞は前衛」などという認識が、権力と利益によって「雨の日は雨が降る日」といったトートロジー（同語反復）として日常化されてしまっている。同語反復は、内容としてなにも語らない命題である。だから「世阿弥はアバンギャルド」という言葉に「えー！　そうだったの!!」と驚くひとはいまやだれもいない。内心の空虚さを押し殺して、表面上驚いてみせるひとがたまにいるていどである。この空疎な二重性こそ、おそらく京都の生を支配しているニヒリズムの一種なのだ。

世阿弥や千利休などをひっくるめて総称するなら、「京都はアバンギャルド」という命題になるだろう。もはやだれも驚かない言葉だ。意味のない空疎なトートロジーと化している。「世阿弥は前衛」「千利休はアバンギャルド」「京都はプログレッシブ」などという認識は、実は前衛でもアバンギャルドでもプログレッシブでもない凡百の守旧的で鈍感な共同体員（組織、団体、制度の構成員）に、なんらかの超越的な特権を与えるかのような効果を持つ「おまじない」なのだ。この「おまじない」がなければ、それら凡百のひとびとは、ただの空疎な同語反復の記号でしかなくなる。コジェーブがいったポストモダンのスノビズムである。

†笛の〈いのち〉

だが、これらの空疎な言葉に、鮮烈な〈いのち〉を与えうる稀有なひとがいる。「雨の日は雨が降る日」というトートロジーを、同語反復でなく、〈いのち〉を立ち現わす言葉として言挙げできるひとというのが、稀ではあるが、この世には、いるのだ。

わたしの知るかぎり、藤田《ふじた》六郎兵衛《ろくろびょうえ》氏は、そんなひとのひとりだった。わたしは彼といちどしか会ったことがない。だが、その笛は、あきらかに〈いのち〉を立ち現わす笛だった。

藤田六郎兵衛氏は能楽笛方藤田流十一世家元。尾張藩の笛方能楽師の家系に生まれ、二〇一八年八月に、六十四でこの世を去った。

わたしが彼に会ったのは、韓国は光州の全南大学でのことであった。藤田六郎兵衛氏がこの大学で笛を披露する日と、わたしが講演する日が一日違いで重なったのだ。六郎兵衛氏の笛は、韓国の「芸郷」といわれる光州で、しかも反日感情のひときわ強い光州で、聴衆の大学生たちを魅了しつくした。その暴れるようでいて静謐な笛の音、鬼神を目覚めさすようでいて夢を見つづけさすような笛の音。それが、「日本の笛？　なんだろう？」と半信半疑で会場にはいってきた韓国の大学生を、夢見心地にさせて会場をあとにさせた。うつくしいという形容をはるかに超えている、まるで別世界の音色であった。わたしももちろん、夢見心地であった。演奏後の酒席では、フランスから持ってこられた高級ワインをふるまいながら、全羅南道のゆたかな海産物を堪能して上機嫌であった。

ああ、六郎兵衛氏が亡き後、彼があれほど大事にしていた伝家の笛は、どうなってしまうのだろうか。あるじを失った笛は、いかにして音を奏でればよいのか。

悲哀のみ残る。

ありし世にあらずなるこの音《おと》きけばすぎにしことぞいとどかなしき

建礼門院右京大夫

†花は〈第三のいのち〉

世阿弥のいう「花」とはなにか。**『風姿花伝』**を読んでみよう。

此道は、ただ花が能の命なるを、花の失するをも知らず、もとの名望ばかりを頼まん事、古き為手《して》の、返々《かえすがえす》誤りなり。

「花が能の命」といっている。ではこの「命」とはなにか。

万木千草《ばんぼくせんそう》に於いて、花の色も皆々《みなみな》異れども、面白しと見る心は、同じ花也。

花というのは、単に客観的に咲いている〈もの〉ではない。主観と客観の〈あいだ〉に咲く〈こと〉なのである。だから右の言葉は、次のような意味である。「無数の異なる木や草という現象において、そこに偶発的に立ち現われる〈花〉もそれぞれ多様ではあるが、〈面白し〉つまり「ああ、花が立ち現われたな」と思う〈こころ〉は、すべて同じ〈花〉つまり〈第三のいのち〉なのである」。

花と、面白きと、珍しきと、これ三つは同じ心なり。（「別紙口伝」）

こころがなければ「花」もない。つまり花とはこころであるが、このこころは内面ではない。内面と対象の〈あいだ〉がこころである。だから「花」と「面白き」と「珍しき」が同じだといわれる。

世阿弥が「花」と呼ぶそのもの・ことこそ、わたしのいう〈第三のいのち〉なのである。どこに立ち現われるかは、わからない。だから「花」である。

「**まことの花**」と世阿弥はいうが、これは「真実の不変の花」という意味ではない。花はことなのだから、「ほんとうの花はことであり、ほんとうのことは花である。そして花はこと、ことは〈いのち〉なのである」という意味なのだ。だからそれは永遠不変なものではない。ありとあらゆる可能性のなかで、偶発的に無数のこころの〈あいだ〉に立ち現われることなのである。

人々《にんにん》心々《こころこころ》の花なり。いづれを真《まこと》とせんや。ただ、時に用ゆるをもて、花と知るべし。

（「**別紙口伝**」）

序章でも述べたように、世阿弥の夢幻能は、みやこで生まれたフィクションなのではない。みやこの生そのものを記述したノンフィクションである。京都そのものが、夢幻能なのである。だからみやこのあちこちに、花はいくらでも立ち現われうる。しかしそれをこれみよがしに演じては、珍しき花も花でなくなる。

だから、

秘すれば花なり。秘せずば花なるべからず。

なのだ。

見る人は、ただ思ひの外《ほか》に面白き上手とばかり見て、これは花ぞとも知らぬが、為手《して》の花なり。さる程に、人の心に思ひも寄らぬ感を催す手立《てだて》、これ花なり。

「人の心に思ひも寄らぬ感を催す手立」。偶発的な〈第三のいのち〉をこれほど明確に述べた文もめずらしい。

5 奥深いところ

†矛盾の結節点へ

「にいちゃんこのへんうろつかんほうがええで」といわれた。住んでいた家のまえからひろったタクシーの運転手にいわれた言葉だ。わたしの言葉が関西弁ではなかったので、タクシーの運転手は親切心でいったのだろう。「なにも知らへん東京もんやな」と思ったにちがいない。もう三十年近くもまえのことだ。

わたしはフィールドワークと称して、数カ月のあいだ、京都駅近くのこの地域のとある家に住み込んでいた。よそものは絶対に受け入れないといわれている場所だった。当時のわたしは、とにかく、社会の矛盾の結節点へと向かって突っ走って行きたかった。大学を出て就職した広告会社は、外側から見ればきらびやかな世界だったが、実際は資本主義の矛盾の結節点であった。その後研究対象に選んだ韓国は、まさに東アジアの歴史的矛盾の結節点だった。そしてわたしが見つけ出したのが、この不思議な場所だった。どうしてもここに住んでみたく思った。はいるまでの敷居は高いが、はいってしまうと、表現不可能な独特の共感空間が形成されていた。

京都駅から至近の距離にあるのに、完全に忘れ去られているのが、この土地だった。高瀬川のせせらぎを挟んで、二階建ての長屋のような家が密集している。だがここはやはり京都だった。ただの長屋ではなく、いわゆるうなぎの寝床で、奥が深い。小さいながらミセ、ダイドコ、ハシリという町家の構造を最低限そなえていた。ただオクや坪庭はなかった。箱階段を上がって二階の窓から外を見ると、鼬《いたち》がすばやく視界を駆け抜けた。

隣家のおばあさんは朝から一日中、念仏を唱えていた。戦争で夫を亡くしてから四十年以上、ずっと念仏だけを唱えているのだそうだ。「わたしの友だちやったけどな、小学校出たらすぐに宮川町《みやがわちょう》に行かされた。別嬪さんやなかった。かわいそやった」。

遠くに京都タワーが見える。ここから歩いて五分もかからぬ距離だが、ずいぶんと遠くに見えた。近所の別のおばあさんは、もう八十歳すぎだったが、いちども「スパゲティ」というものを食べたことがない、という。「いちど駅前の百貨店に行ってスパゲティを食べてみたいんやけど、行ったことない。よう行けへん」。百貨店はここから歩いて五分もかからない。だが、そこに行ったことがない。行けない。その感覚が、わからない。だが、この場所になずんでくると、なんとなくわかってくるような気もする。

そういう人生が、この場所にはあった。それをわたしたちは決して忘れてはならない。いまはこの場所もきれいな市営住宅になっており、往時の面影はまったくない。数年後には京都市立芸術大学が移転してくるから、ここはやがて賑やかな学生たちの街となるのだろう。だが、この場所で差別を受けながら暮らしていたひとたちの〈たましひ〉を、忘れてはならないのだ。

最近、この場所を訪れたら、近く移転してくる市立芸術大学のアート作品のようなものが、置かれてあった。石でできたモニュメントのようなもので、「記憶」がテーマだという説明が書かれていた。

アートもよい。だが、安易な「作品」ひとつでこの土地のすべてを記憶できると思うな。それができると思い上がった瞬間、「アート」は暴力となり抑圧となり、単なる政治となる。わたしがベルリンのノイエ・ヴァッヘ（ホロコーストの犠牲者や同性愛者、ロマなど虐げられたひとびとを追想する場）やユダヤ人追悼のモニュメントを好きになれない理由は、そこにある。虐げられたひとびと、なにかに閉じ込められて出てこられないようにされてしまったひとびとの生の細かなディテール、こころの細かな動き……それを記憶しなくてはならない。たといすべてを記憶できないとしても、少なくともディテールを記憶しようという意志は、なくてはならない。「アート作品」ひとつで、それらのディテールは代替できない。

なお、この地域の一角に柳原銀行記念資料館がある。町長だった明石民蔵《あかしたみぞう》らが一八九九（明治三二）年に、柳原銀行を設立した。これは、それまでに公的な金融機関から締め出されていたこの地区の住民に対して、融資を行ったり産業を振興したりした機関であった。

いまは資料館となっている。江戸時代からこの地域は、皮革の産業が盛んだった。皮革は雪駄をつくるのに必要だったから、この地域の収入は多くてゆたかだったのだという。昔、資料館の展示から得た知識である。

第 六 章

八条から深草まで

道元像（宝慶寺蔵）

1 京都駅――宇宙的、あまりに宇宙的

†不思議な車掌

河原町塩小路の交差点からは、西の方面に京都タワーが見える。かつてこのタワーができたときにはかまびすしい景観論争が起きたが、いまではそんな「へんてこタワー否定論」も忘却のかなたとなり、夜には幻想的にライトアップされて超然とキッチュに屹立している。タワーがキッチュなら、そのタワーに似つかわしいキョートもキッチュである。

タワーのすぐ南側が、京都駅である。京都駅は七条と八条のあいだにある。七条の南、京都駅のすぐ北側を東西に走るのが塩小路通である。なぜ塩小路というのか。第五章で言及した源融と関係がある。彼が難波の海から塩をとるための海水を京都に運んだときの道だったから、塩小路なのである。

さて、京都駅というのは、京都に住んでいる者にとってはなんの変哲もないただの京都駅だが、外国からの観光客にとっては、「キョートってどんなところだろう」という好奇心が現実のキョートと出会う始発点となる、重要な場所である。

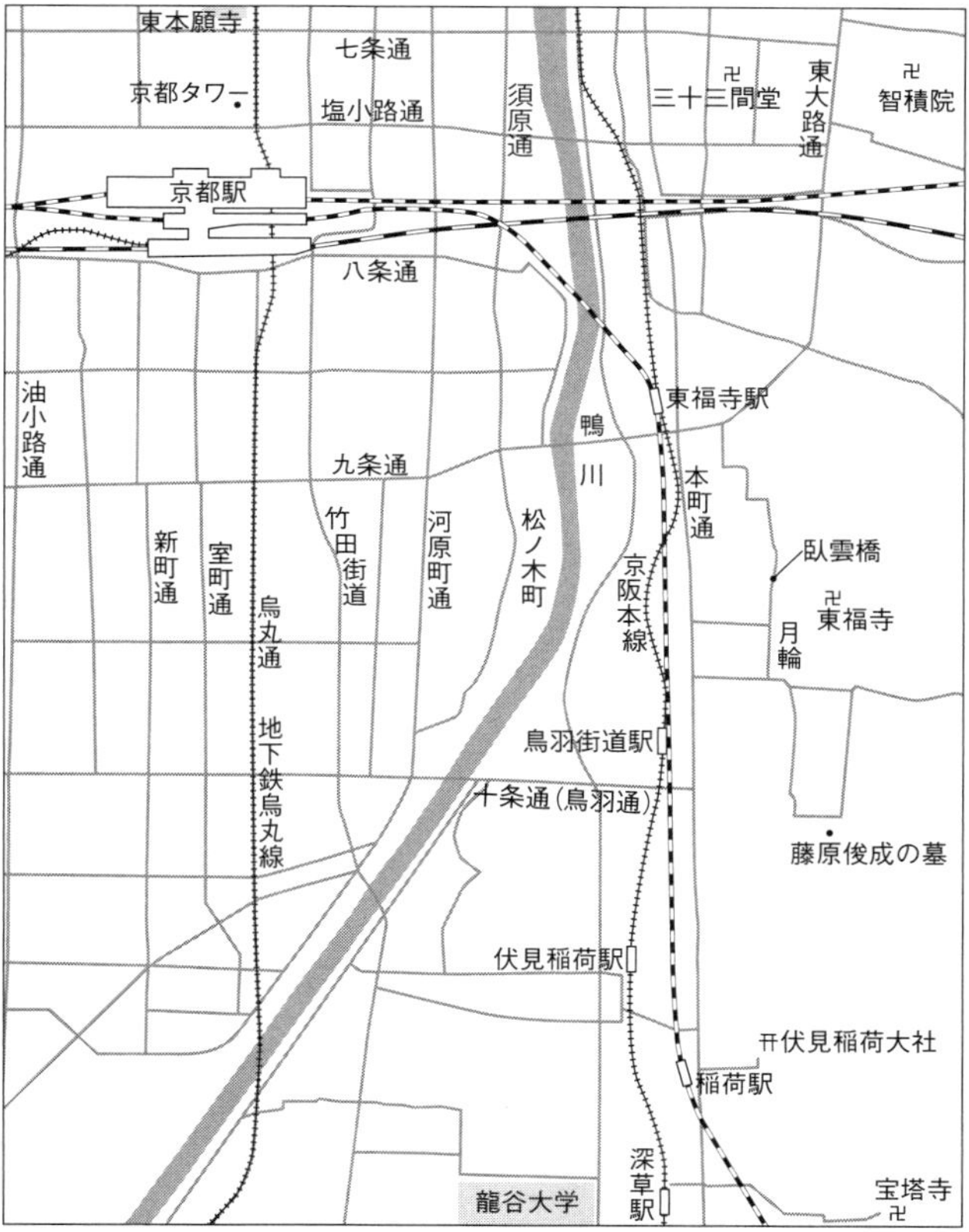
東本願寺
七条通
京都タワー
塩小路通
須原通
三十三間堂
東大路通
智積院
京都駅
八条通
油小路通
鴨川
東福寺駅
九条通
本町通
竹田街道
河原町通
松ノ木町
新町通
室町通
京阪本線
臥雲橋
東福寺
烏丸通
月輪
地下鉄烏丸線
鳥羽街道駅
十条通（鳥羽通）
藤原俊成の墓
伏見稲荷駅
伏見稲荷大社
稲荷駅
深草駅
宝塔寺
龍谷大学

地図７

その好奇心を、わたしたちは関西国際空港からJR特急のはるか号に乗ることで、少しだけ追体験できる。わたしも外国出張の際には、関西国際空港と京都駅のあいだのルートを、はるか号で往復する。

関西国際空港からはるか号に乗って、京都に向かう。その瞬間から、不思議な異次元への突入は始まる。

ある夜のことだった。わたしは外国出張からの帰りだった。

二メートルはあろうかというトルコ人の大男と、その連れふたりがかろうじて自分の身をはるか号三号車の指定席に沈める。地鳴りかと思うほど低く重たい大声で話す三人。夜のはるか号はすでに京都に向かって発車している。

そこに突然やって来たのは、「乗車券を拝見します」という若い車掌の男。トルコ人三人連れの切符を見るなり、べたな関西弁で「ディス　チケット　イズ　ノット　フォー　リザーベーション」という。すごい発音だ。当然聴き取れないトルコ人たち。険しい顔をして車掌の顔を覗き込む。自由席の券で指定席にすわってしまったのだろう。車掌は「ノー　リザーベーション」「ノー　リザーベーション」と二度ほどカタカナの関西弁の音声を発したと思うと、だしぬけに「アイ　アム　ソーリー」といって頭を下げた。

「????」という表情のトルコ人たち。車掌は、「アイ　キャン　ノット　スピークイングリッシュ」と叫ぶ。続けて「アー　ユー　アメリカ?」と車掌。「ノー　ターキー」とトルコ人。「アメリカ?」ともういちど車掌。「ノー　ターキー」ともういちどトルコ人。「アメリカ?」とさらにたたみかける車掌。「イエス　アメリカ」と答えるトルコ人。面倒になったのだろう。「アメリカ?　オーケー」と車掌。続けて「カー　ナンバー　ワン、ツー、スリー　イズ　オーケー」という。一号車、二号車、三号車は自由席だ、といいたいのだろう。何度か押し問答した末にようやく理解してもらった様子で、大男たちは荷物を持ってのそのそと自由席の車両のほうに移動する。

不思議な光景だ（わたしは、実際にわたしの目のまえで起きた光景を正確に描写している）。関西国際空港と大阪や京都を結ぶJRはるか号といえば、当然外国からの観光客が乗客のうち多くを占める。そのはるか号の乗車券チェックを、英語ができない乗務員に任せるとは、実に突飛な発想ではないか。

非常に若い車掌だったので、おそらく入社一年目か二年目であろう。獅子がわが子を千尋の谷に突き落とすというように、最初から苛酷な状況にほうりこんで実地教育をしようというなら、JR西日本の社員教育方針は、きわめて高く評価できる。おそらくこの車掌は最初のうちは汗をかき恥をかいて苦しむだろうが、やがて立派な国際派車掌に成長するだろう。

しかし、もしそういう獅子的な教育方針のもとにやっているのでないのなら、JRはどうかしている。なぜあらかじめ英語や中国語や韓国語ができる（場合によってはそれがぜんぶできる）人材を採用してはるか号の車掌に配属しないのか。そんな人材はたとえば韓国人ならばいくらでもいる。入社するまえから、「準備」は万端整っている人材がごまんといる。もし日本では英語が全然できない若者でもきちんと正社員として就職できて、しかも外国人相手の職場に配置されるのだとしたら、これは現代の常識からいえば信じられない話だ。

わたしは、若い車掌の英語下手をけなそうとしているのではない。わたしもいまだに英語（特に米国人の）を聴き取るのが苦手で困っている。だからわたしは、若い車掌の英語の実力を云々したいわけではない。そうではなくてなにがいいたいかというと、「日本というのは実に神秘の国だなあ」ということをいいたいのである。

考えてみていただきたい。外国に行って、空港から電車に乗った。いきなり車掌がやって来て、こちらになにかの音声を必死に発している。聴き取れないで首を傾げていると、だしぬけに車掌が頭を深々と下げて「アイ　アム　ソーリー」という。意味がわからないではないか。

おそらくここが、日本のよさなのだろう。ここでグローバリゼーション推進派は、「そんなことをしていたら外国人観光客が逃げてしまってインバウンド需要が減ってしまう。もっと英語力を高めて完璧なサービスを提供すべきだ」などと語るのだろう。そしてそのとおりにすると、素敵なグローバル人材の車掌がやって来て完璧な英語で応対するようになるのだろう。韓国なんかは、かなりそれに近くなっている。

だが、日本はそれを絶対やらないぞ。東京はいざ知らないが、特に関西ではやらないぞ。——という強い意思表示が、若い車掌を通して強烈に伝達されている。

たのもしいかぎりだ。なぜなら外国人観光客は、この若い車掌のふるまいをたのしむからである。

考えてもみていただきだい。ある国に到着して乗った最初の列車で、車掌がいきなり深く前屈をして「アイ　アム　ソーリー」と謝罪をする。こんな体験は、そうそうできるものではないではないか。

†宇宙的、あまりに宇宙的

いちど自由席のほうに出て行ったと思われたトルコ人たちが、またのそのそと戻ってきた。なんなんだ？　おそらく自由席が満杯で、指定席にすわることにしたのだろう。そしてトルコ人の大男たちのあとに、さきほどの小柄な若い車掌がついてきた。

またなにかを話しはじめる。わたしにはよく聴き取れる「関西弁風英語」あるいは「英語風関西弁」なのだが、トルコ人たちはまたよくわからないようだ。だが車掌は金額は正確にいえるらしく、追加料金を無事にトルコ人から受け取って指定券を発行するのに成功したようだ。するとこんどは、帽子を取って頭を膝につけんばかりにまえに折りたたんで、大声で「サンキュー　ベリーマッチ」といった。「サンキュー　ベリーマッチ」を三度ほどいうと、トルコ人たちもうれしいのか笑い出した。車掌は非常に愉快で満足そうな表情をして、帽子を頭にかぶりなおし、車両を出て行った。

トルコ人たちも車掌を送り出すと、非常に満足した様子で笑いはじめた。今回の日本旅行は、彼らトルコ人にとって一生涯忘れられない思い出となっただろう。しかも旅の最初から。きわめて幸運な旅行者たちである。ここでもし英語ベラベラの「グローバル人材車掌」が出て来ていたら、かれらの旅はおもしろくもなんともない始まりになったにちがいない。

はるか号は関空を出発して一時間十五分後に、静かに滑るように京都駅に到着する。列車を降りるとプラットフォームは黒光りする石だ。神秘的な雰囲気。大きなスーツケースを押して、大勢の旅行客たちが改札口へと滑ってゆく。

京都駅中央口の改札前に来ると、旅行者たちがみな「オー」とか「ワオ」とかいって上を見上げている。駅を覆う巨大な宇宙ステーションのような、複雑な形状の宇宙的な駅舎。そして正面には幻想的にライトアップされた京都タワーの一部が浮かび上がる。これはなんだ。完全に映画『ブレードランナー』（リドリー・スコット監督、一九八二）の世界ではないか。キッチュで夢幻的で巨大である。いまにも駅舎ごと宇宙に発射されるかのようだ。そしてその宇宙艇には「アイ　アム　ソーリー」の添乗員がいるのだろう。

日本の古さびたテンプルやシュラインを見に来た外国人観光客たちは、京都に来るとまず、この『ブレードランナー』状態に驚愕するにちがいない。ただし、時刻は夜にかぎる。昼に到着してしまうと、ここはただの雑踏にすぎない。

†地球外生物を見るような

京都旅行の魅力はやはり「ひと」であろう。

京都駅を歩いていると、白人の三人組が談笑している。男がふたり、女がひとりだ。男が女の肩をさわりながら、「アッハッハ」と笑っている。なにがそんなにおかしいのか。日本人の仕草がおかしいのだ。男は直立した状態からおもむろに上半身をまえに九十度の角度でかがめる。そしてゆっくりと元に戻して、なにか語ったと思うと、三人はまた「ワッハッハ」と爆笑する。だいたいなにをいっているのか想像はつく。さっき行った店で見せた日本人の礼の仕方がおかしいのだ。

日本のよさは、容易にグローバル化しないところだろう。特に京都は『ブレードランナー』風にデフォルメされた宇宙的日本人のしぐさの展示場だ。店には客に深々と礼をする店員がいる。日本人はそれをなんとも思わないが、外国人からしてみれば、そのしぐさを見ることは、地球外生物の生態観察のような趣を持つのであろう。特に京都タワーや金閣寺などというキッチュな借景とともにそのしぐさを見ると、そのおもしろさは格別だ。

外国人観光客、特に知的な西洋人観光客たちは、このキッチュさをほんとうにこころからたのしんでいるように見える。京都の文化の多くは、政策的に保存されているものではない。別の言葉でいえば、自己オリエンタリズムの産物ではない。「他者からのオリエンタリズム的まなざしをみずから内在化し、経済的利益や文化保存政策的な理由などからそれを意識的に再現すること」を自己オリエンタリズムの定義とすると、意外なことかもしれないが、京都の文化には自己オリエンタリズムの要素が少ない。

つまり、多くの場合、他者からのまなざしに支配されてふるまっているわけではない。何百年ものあいだ、狭い人間関係のなかだけで培われてきた文化の型が、いまだにここには自足的に残っている。これこそ、財産である。グローバル人材が京都を荒らしてこの街をのっぺりとした無文化の場にしてしまったら、おそらく少なくとも知的な観光客は来なくなるにちがいない。

観光客に笑われても笑われても、京都の店員は深々としたお辞儀を守らねばならず、「笑われたから直す」という態度を選択しては決してならない。なぜなら観光客たちは、このまちの寺や神社を見るだけでなく、英語のまったくできないバスの運転手、小道でふたつのホッチキス針のように互いに身をかがめて挨拶する老婆たち、箱庭のように狭い路地の小さな家で、幅一八〇センチの車庫に幅一五〇センチの車を入れるひと、木屋町あたりのバーのカウンターにずらりと並んで酒を飲んでいるスキンヘッドの「聖職者」たち、——そういうものを見ることによって、ほんとうにめずらしい経験をしたといって友だちにメールを送って喜んでいるのである。もちろん外国人観光客のためにそれらを保存するのではない。外国人観光客のためにそれらを改変してはならない、といっているのである。

逆にいえば、他者の目を意識した「京都らしさ」「日本らしさ」をやりはじめたとき、それらの文化はただちに腐敗しはじめるのだろう。

外部へのまなざしが弱いのが京都のいいところだ。しかしいまや、それを東京資本がこわそうとしている。東京資本のつくるもの・ことは、「再帰的オリエンタリズム京都」の複製品なのである。

2　東九条と在日コリアン

†東九条

京都駅の八条口から、東に行く。八条通をまっすぐに行くと、河原町通に出る。それを突っ切ってさらに東に行くと、比較的小さな須原通というのに出る。それを右（南）に曲がろう。ここから南側一帯の地域、つまり東西は京都駅と鴨川のあいだ（特に河原町通から鴨川のあいだ）、南北は八条通から十条通までの地域は、最近は観光ホテルなどもたくさんできているので、なにも知らない観光客にとっては、「京都にしては殺風景なところだな」ていどの印象しか持たない場所かもしれない。

だがここ「東九条《ひがしくじょう》」は、京都を考えるうえできわめて重要な場所なのだ。

戦前から、京都駅の南側に朝鮮人が集住するようになり、戦後にはここが京都最大のコリアンタウンとなった。戦後すぐに京都駅八条口が闇市の舞台となったことと深い関係がある。

このへんは井筒和幸監督の映画『**パッチギ**』（二〇〇四）の舞台であり、またロケ地でもあった。時は一九六八年、京都のふつうの日本人男子高校生・康介が、朝鮮学校の女子高校生・キョンジャに一目惚れしてしまう。この淡い恋の物語に、日朝の男子生徒たちの派手な喧嘩、「ゼロ番地」に住む在日コリアンの極度の貧困、そして朝鮮人共同体の不思議な絆などを織り込んで描いた、青春映画の傑作であった。沢尻エリカのキョンジャが、少女の恥じらいと朝鮮人の矜持との絶妙なアマルガムを演じて、特によかった。

キョンジャの家はここ東九条で焼肉屋をやっている設定だった。肉を焼くジュージューという音と、画面から吹き出てくるような煙の匂い。まさに昭和の東九条の日常的な風景だったのだろう。わたしがこの地域をはじめて訪れたのは一九九一年のことだったから、昭和のここを知らない。だがその頃には、まだ鴨川ぞいにバラックの粗末な家が密集していたし、いまよりも活気があった。

「ゼロ番地」というのは、鴨川ぞいの松ノ木町にかつて、不法のバラック住宅がたくさん建てられていたことを示す。この川っぺりは公的には地番のない土地だったので、通称「ゼロ番地」となったのだ。いまでは市営のきれいで立派な団地が建っている。見た目はふつうの日本の団地だが、冬以外の季節にはおばあさんたちが外のベンチにすわって話をしたり、ぼんやりしたりしている。そのたたずまいが、まさにわたしが八年間暮らした韓国で見慣れたものとまったく同じなので、「ああ、朝鮮のおばあさん」となつかしい気分になる。若いときは日本人も朝鮮人も似たようなひとが多いが、歳をとると、「ああ、朝鮮のひと」「ああ、日本のひと」とたやすく区別がつくようになる。それはなぜか。知らぬ。

†在日コリアンとして京都に生きる

学生たちを東九条に連れてくるときは、いつも朴実《パクシル》氏にお話をしていただく。京都大学の学生だけでなく、米国から研修に来る学生たちも毎年連れて行く。

須原通を南に下がって九条通にぶつかる少し手前（つまり北）に、「東九条マダン」がある。朴実氏は在日コリアンの作曲家で、音楽の先生でもあるが、この東九条マダンの主宰者でもあられる。「マダン」は朝鮮語で「中庭」の意だが、そこで繰り広げられるたのしい集いのことも指す。毎年十一月には、東九条の小学校や小学校跡地で、朝鮮人と日本人の協働の祭りである「東九条マダン」が開かれる。朴実氏が始めた祭りである。

朴実氏は、日本社会の在日コリアンへの差別とたたかってきた人物である。

また朴実氏は通名を新井実《あらいみのる》といったが、彼が日本国籍を取得するとき、通名を含めていわゆる「日本風」の名前しか許されなかった。これに対して彼は訴訟を起こして、ついに「朴実」という「日本的でない」名前で日本国籍を取得したのである。いまでは「金なんとか」とか「李なんとか」という名前でふつうに日本国籍を取得できる。

わたしはこの東九条や隣接する地域に暮らす多くのひとびとの話を聞いたが、そのひとたちの話をもっとも抽象化し、ひとことに凝縮していおうとするなら、それは、

「くやしい」

のひとことである。生のすべてをこのひとことに収斂させるひとびとの人生を、踏みにじってきたのが、京都なのである。

†深草へ、サウスへ

京都は南に行くほど、ディープになる。ディープサウスである。北山や北白川あたりに住んでいるやんごとなきひとたちの知らぬ世界が、ここにはある。

伏見とか深草も、もちろん京都の南である。だがもともとここは京都市ですらなかった。

わたしはかつて何年ものあいだ伏見区深草に住んでいたが、「深草に住んでいる」というと東京のひとは深草少将《ふかくさのしょうしょう》なんかを想起するのかもしれず、「閑静なところなんでしょうね」などと知ったようなことをいうが、そんな簡単な場所ではない。深草や伏見という場所の陰翳と奥行きの深さ浅さは、その歴史性とあいまって、複雑そのものである。

もちろん深草や伏見には、北山や北白川も負けるほどの閑静な高級住宅地もたくさんあ

る。だがわたしの愛する深草は、あきらかに、「サウス」としての深草なのである。京都の九条より南の地名は、東から西へと、伏見、深草、東九条、吉祥院《きっしょういん》、竹田、久世《ぐぜ》となる。どれもきわめて趣きの深い地名ばかりである。

一時わたしは、十条通りを東から西へと散歩するのが趣味だった。十条通りの東端が京阪の鳥羽街道の駅だ。そこから西へ歩いて行く。殺風景な景色が続くのだが、わたしにとってはとてもとても大事な道なのだ。

このディープサウスが、京都にとってきわめて重要なのは、悲哀からしか創造は生まれないとわたしは考える者だからである。ブルースがわたしは好きだ。サウスは音楽を生む。創造を生む。

東九条マダン。竹田の子守唄。そして道元や伊藤若冲《いとうじやくちゅう》。深草での道元は、真の意味で、精神のアヴァンギャルドである。彼が建仁寺では到達できなかった境地、それがサウス京都にはある。

この子よう泣く　守《も》りをばいじる
守りも一日　やせるやら

久世の大根飯　吉祥《きっちょ》の菜飯
またも竹田のもん葉飯

盆がきたあかて　正月がきいたて
なんぎな親もちゃ　うれしない

はよもいにたい　あの在所こえて
むこうにみえるんは　親のうち

一九六九年に赤い鳥が歌った「**竹田の子守唄**」の元唄とされている歌詞である。この悲哀をわかるか。わかろうとするか。そこにこそ、京都をわかるかどうかの境界線がある。

3　月輪から伏見稲荷へ

†モビリティの否定

東九条から東へ行く。九条通の高架の下を東へ行こう。京阪とJRの東福寺駅を突っ切ると、本町通に出る。

わたしはかつて、この通りのそばに住んでいた。本町通というのは、五条から奈良に南北に通ずる由緒ある道で、紫式部や清少納言も通った道である。わたしがこの道の界隈に住んでみて驚いたのは、知り合いになったひとたちのなかに、本町通だけで先祖代々すべてをやってきているひとたちがいることだった。田舎の話であればそういうことも珍しくはなかろう。しかしここは人口百五十万人のれっきとした大都市である。ある知り合いは、実家が本町通で、実家の経営する会社も本町通、自分が結婚したあとの住居も本町通、兄の嫁さんは本町通の百メートルほど離れたところの商家の娘さん、小学校はもちろん先祖代々本町通、という具合だった。あるひとは、右京のほうにはこわくて車でよう行けない、といった。同じ京都でも全然知らん土地やさかい、ようわからん、というのだ。もう三代、四代も本町通界隈に住んでいるひとである。

京都のひとは、モビリティ（移動性）という概念にまったく反している。

動かなくても、生きていける。

ああ、なんとすばらしいことだろう。

一生のあいだ引越し、引越しの連続で生きている人間からすると、実にうらやましいほど、モビリティの低いひとたちが京都には数多い。東京に行って働くなどということは、地球の裏側に行って働くのと、意識上なんの違いもない。そんなこわいことはようしない。

モビリティの異常に高かった小説家の志賀直哉《しがなおや》（一八八三〜一九七一）は、一生のあいだに二十三回引越した。そのうち京都には、二度住んだ。一九一四（大正三）年から翌年にかけて（南禅寺近くと、北野西白梅町）と、一九二三（大正十二）年から二五（大正十四）年まで（粟田口と山科）の二回である。

ちなみにわたしもいままでに二十二回転居したので、引越しの回数では志賀にひけをとらない。ただし志賀が住んだところは石巻、東京、尾道、松江、京都、鎌倉、赤城山、我孫子、奈良、熱海と多彩だが、わたしの場合は東京（四カ所）、ソウル（九カ所）、神奈川（三カ所）、京都（六カ所）、大阪（一カ所）と少ないのが寂しい。たった五つの地域で、二十二回もあちこちと引越し貧乏まるだしでくるくるめまぐるしく転居を繰り返したことが、あほらしい。ただ、あと一回引越しして志賀直哉と同じになれば、彼のように文章がうまくなるかもしれない、というその希望のみで、また引越しを計画している。

というのは嘘。

わたしのように、人生で引越しばかりしているばかばかしい人間からすると、京都のひとのモビリティのなさには、心底感服させられるし、うらやましいのである。

†上下動のまち

この本町通もそうなのだが、京都のひとの移動は、どうも、上下（南北）の動きがメインであるように感じられる。左右（東西）の動きももちろん活発でないわけではないが、ひとびとの意識が上下の動きのほうにより集中しているように思える。

左京のひとは左京のひとだし、右京のひとは右京のひとである。たとえば作家の水上《みずかみ》勉《つとむ》（一九一九〜二〇〇四）は右京のひとである。若狭の極貧の家に生まれた彼は、九歳のときに京都・相国寺の塔頭に預けられて小僧となった。彼の作家生活において京都の寺での経験はきわめて大きく、老年にいたっても少年・青年時代の京都での生を回想している。しかしたとえばそのような書籍のひとつである『**京都遍歴**』（立風書房、一九九四）をひもといてみても、そこに出てくる場所は東山二条産寧坂、大原、東寺、銀閣寺、出町界隈を除いてすべて右京に集中している。相国寺、今宮神社、衣笠山等持院、六孫王神社、五番町遊郭、千本丸太町、上七軒、醍醐、保津峡、嵯峨、八条坊城、広沢池、桂川――すべて京の西側に偏っている。むしろ洛中の東半分の地名はひとつも出てこない。水上勉だって左右（東西）の動きをしなかったわけではないだろうが、京都ではどうしても、右は右、左は左というふうに意識が分けられてしまう。

上（北）へ、下（南）へ、という動き自体が、悲哀なのである、このみやこでは。この世という仮の世界で、めまぐるしく動きながら、泡のように生き、泡のように死んでゆくひとびとの立てる生の音が、あなたには聞こえるか。耳を澄ませば、その泡の音が、聞こえるはずなのだが。

誰《たれ》もきけなく音《ね》に立つるかりの世に行きてはかへる北と南と　藤原定家

†月輪と清少納言

さあ、本町通を南に進もう。左側つまり東に、東福寺がある。もちろんそっちに行ってもいい。臥雲橋《がうんきよう》から南に行こう。

臥雲橋を渡ると、そこは月輪《つきのわ》である。月輪には、東福寺の塔頭が多くある。このあたりは、清少納言が暮らしたところだといわれる。東福寺のできるはるか昔のことである。ただし月輪という地名は右京の桂にもうひとつあって、もしかしたら清少納言が暮らしたのはそちらの月輪かもしれない、ともいわれる。

わたしとしては、東山区の月輪、つまりこの東福寺近くの月輪だと思いたい。なぜなら清少納言は伏見稲荷大社に参拝したとき、稲荷山の中腹まで登っている。もしかしたら、稲荷山の山頂から北側に出て、月輪まで帰ろうとしたのかもしれないと、わたしは推測するからだ。しかし清少納言は、この山の途中まで登ったところで、断念したとされる。彼女はなぜ稲荷山に登ろうとしたのか。

知らぬ。

『**枕草子**』を読んでいると、突然のように、「近代とはなにか」という問いが浮かぶ。

普遍的なものを追い求めるだけでは、近代にならない。個というものが、あくまでも全体や普遍に押しつぶされずに屹立しなければ、近代は生まれえない。

その意味で、近代はひとつではない。西洋近代だけが近代ではない。しかし、近代は多数であるとはいえ、近代と近代でないものは、比較的はっきりと区別できるであろう。

東アジアの思想でいうなら、「実学」が近代の始点だとする強力な説もあれば、個人の欲望を認めた陽明学(特にその左派)が近代の始点だとする説もある。いずれももっともな説である。

だがもしかすると、清少納言こそ、日本的近代の起点だったのかもしれない、などと思ってみる。思うのは、自由だから。

それは、「もの」「こと」への彼女の研ぎ澄まされた感性が、尋常でないからである。もの・ことの性質を冷静に感知し、おのれともの・ことが澄み切った状態で対峙するという、ある意味での近代的精神が、彼女にはすでにある。あらゆる習俗・因習・慣習・掟からかぎりなく自由になって、ただひたすらおのれの精神のみで、もの・ことに向かい合おうとする。もちろんそこにはまだ科学的精神などというものはないが、少なくとも因習の抑圧から脱して「負荷なき自我」(西洋近代リベラリズムの考え)を確立しようとし、それにある程度成功したことは事実だ。

紫式部が清少納言に嫉妬したのは、単に清少納言が漢籍の知識をひけらかす才女だったからなのではない。紫式部は習俗や因習や文化の〈なか〉でのひとびとの感性やふるまいに〈いのち〉を見出そうとするタイプの女性であった。『源氏物語』はそういう思想を持っている。それに対して清少納言は、そういうものの〈なか〉から超え出ようとし、〈そと〉から〈なか〉や〈世界〉をのぞこうとした女性であった。「あはれ」(紫式部)と「をかし」(清少納言)の尖鋭な対比も、その違いから生まれている。

†深草と藤原俊成

月輪から本町通に出て、そのまま下る。十条通が本町通と交差する地点に、京阪の鳥羽街道駅がある。この駅の裏側は、かつて花札・かるた・トランプをつくっていた任天堂の工場があった場所で、二〇〇〇年に本社を南区に移転するまで、任天堂の本社はここだった。なお、一時、グリコ・森永脅迫事件の容疑者である「キツネ目」の男ではないか、と疑われた、『**突破者**』の著者・宮崎学の出生地もここである。

その鳥羽街道駅を右に見ながら、本町通からはずれて東南方面に行くと、藤原俊成《ふじわらのしゅんぜい》の墓がある。

俊成は、歌学上の美的理念としての「幽玄」の提唱者である。息子の定家にいたると「幽玄」は十《とう》ある歌の体のひとつになってしまうが、俊成においてはそうでなかった。俊成は幽玄一尊であり、その一途さを塚本邦雄は「ユーゲニズム」なる新造語で半ば揶揄しながら語る。

およそ幽玄という言葉ほど複雑で包容力に富み同時に曖昧で捉えどころのないものも珍しかろう。語の使用方法はそれ自体の意味を上廻って幽玄を極める。平安前期の唐渡り

幽玄、仏教教義のニュアンスを含む「深奥にして極むべからず」、「本質は常に不変なり」の要諦は一まずおき、こと俊成の立論に限るとしても（中略）約四十年間、夥しい歌合判詞に現れる彼の幽玄志向はこの語のもつ多義性に正比例して表現を多岐にわたらせ、彼の閲した歌人としての歳月に従って変遷を重ね揺れ動くかに見える。生涯に「優《ゆう》」なる判詞用語を二百七十九回用いたというが、その優、あるいは「艶《えん》」また「やさし」「なまめかし」さらには「あはれ」等等それぞれ微妙に重なりあい滲みあい、判者加判時と場所と対象によって変り決定的な相違など無きに等しい。それらはことごとく俊成ユーゲニズムに包括されしかも当然はなはだしく主観的なものだ。（『藤原俊成・藤原良経　日本詩人選23』筑摩書房、一九七五）

塚本はここで重要なことをいっているのであって、「艶」「やさし」「なまめかし」「あはれ」などがすべて「幽玄」に包括されるということはすなわち、俊成の感じる歌の〈いのち〉が立ち現われた事態を一括して語る言葉が「幽玄」だったということなのであり、これは紫式部の「あはれ」と同じく、意味を細分化できない究極のクオリアだったのである。

†伏見稲荷大社へ

さて、本町通をさらに下ると、なにやら雰囲気がざわざわしてくる。左側に見えるのが伏見稲荷大社である。近年は、外国人観光客で一年中賑わっている。「訪ねたい京都の名所」で堂々のナンバーワンを続けている場所だ。クリスマスイブの渋谷交差点のように雑踏と化している。七割がたは外国人だ。

わたしはかつて、この稲荷山のすぐそばに住んでいたことがある。

家から外に出て、稲荷の山道を歩いていると、知り合いが走っている。京都大学で一年に一度、一般向けの公開講座をやるのだが、このひとは毎年来てくださるひとだ。ころげるように山道を走っていく。「どこ行かはるんですかぁ」と語りかけると、すでに後方に走り去った彼は、「ちょっと酒飲みにー」とこたえる。稲荷山の東側の山科《やましな》に彼は住んでいるのだが、そこから深草あたりに酒を飲みに行くために、稲荷山を役小角《えんのおづぬ》か牛若丸よろしく軽々と小走りに越えるのである。深草で酒を飲んだ帰りも、真っ暗な山道を走って山科まで帰るのだろうか。

知らぬ。

わざわざ深草まで酒を飲みに行かずとも、山科に行きつけの店でもつくればよいのに、と思う。しかし彼にとっては、稲荷山を走り越えて酒を飲みに行くことが、「酒を飲む」ということなのかもしれない。とにかく、不思議なひとたちがいるものである。

稲荷山を走り越えて、悲哀しつつ、酒を飲む男あり。わたしは彼を忘れないだろう。

†アニミズムとシャーマニズム

伏見稲荷は秦氏の社である。

「秦氏」を「はたうじ」と読ませる。これにも諸説ある。「はたおり」の技術をもたらした渡来系の氏族だから「秦」を「はた」と読ませる、というのが有力であると思える。だが、現代朝鮮語で「海」を「bada」というが、この「bada」が日本語の「やはた（八幡）」や「わだつみ」の「はた」「わだ」となったことから、「秦氏」の「はた」とは「海」のことだという説もある。海を渡って来た氏族だからというものである。これもまた捨てがたい説であるといえよう。

この神社ほどみごとにシャーマニズムとアニミズムが合体している場所を、わたしは寡聞にしてほかに知らない。表の参道から入っていけば、そこは整然たる神社の清冽な気ただよえる空間であり、ここはシャーマニズム的な世界である。ヒエラルキーが明確で、垂直の軸が強調される。だが千本鳥居の奥の奥まで登って行くと、そこはアニミズムの世界である。ごくごく小さな祠がびっしりと無数に立ち並んでおり、腰の神様、目の神様、歌舞伎の神様など、ありとあらゆる神様が水平的に密集している。どの神様が偉くてどの神様が偉くない、という垂直の序列はここにはない。

シャーマニズムとアニミズムは往々にして混同されており、研究者でさえその区別を明確にできていない場合が多い。だがこのふたつの世界観は、似ても似つかぬものであり、互いにまったく異なる。完全に相反する、といってしまってもよい。

シャーマニズムは文字通り、シャーマンというカリスマを持った特権者が、天と地を媒介して天の意思を地上に伝える役割をすることによって、地上に対する支配力や影響力を持つという垂直的な構造でできあがっている。シャーマンは単なる人間ではなく、天や神の代弁者である。だから意味不明の言葉（異言という）を語ったり、神がかり（憑依《ひょうい》という）になって地上の世俗的価値を錯乱させ、自分なりの秩序（コスモス）を形成する。

ところがアニミズムというのは、共同体のすべての構成員が「この木にはいのちがある」「この岩はカミである」と共同主観的に決めることによって、世界の生命的構造を構築していく思想である。シャーマンというカリスマが必要なわけではない。共同体には長《おさ》を頂点としたヒエラルキーがあるので、完全に水平的とはいえないが、いのちやカミを決める意思決定は、シャーマニズムに比べると格段に水平的である。

シャーマニズムにおいては、シャーマンというカリスマが特権的な立場ですべてを神や天の代理として決めるので、その意味で暴力的である。またアニミズムにおいては、共同体の構成員が「Aにはいのちがある（Bにはそれはない）」「Cはカミである（Dはそうではない）」と区別することになるので、その意味で暴力的である。

シャーマニズムの暴力は、シャーマンという一人によって行使されるので、共同体の構成員は、その暴力を統御しようとして思想をつくる。中国の皇帝のシャーマン的な暴力を統御しようとして、儒教は天理という概念をつくりあげた。天理は普遍的な道徳なので、皇帝もこれに従わなくてはならない。ヨーロッパでは王が暴力をふるうのを統御しようとして、哲学者たちが自由や平等や人権などという概念をつくりあげた。これらは普遍的な正義なので、王もこれに従わなくてはならないという理屈をつくって、王という特権的なシャーマンを統御した。

これに対してアニミズムの暴力は集団が行使するものである。共同主観という圧力のもとに、「Aにはいのちがある（Bにはそれはない）」「Cはカミである（Dはそうではない）」と決定するのだが、このときに「Aにはいのちはない」「Bにはいのちがある」「Cはカミではない」「Dはカミである」という少数意見は排除される。共同主観側は、それに従わない主観を村八分とかいじめという陰湿なやり方で抑圧し、排除する。アニミズムにおいてはシャーマニズムとは違って普遍的な概念が機能しないので（みんな普遍的な理念で生きているのではなく、共同主観という根拠のない合意で生きているためだ）、多数者に従うか（これを日本では同ではなく和という）従わないか、という基準しか意味を持たない。従っているうちは快適だが（和だから）、従わなければ危殆に瀕する。日本社会の「和」がこういう生きにくさを持っているのは、それがアニミズム的だからなのである。

†伊藤若冲

伏見稲荷大社のすぐ南に、五百羅漢で有名な百丈山石峰寺がある。

ここは、伊藤若冲が草庵を結んで絵に専心した場所である。

若冲は正徳六（一七一六）年に生まれ、寛政十二（一八〇〇）年に死んだ。生家は錦小路の桝屋《ますや》という青物問屋であった。

わたしは若冲の絵は好きでない。みんなが褒めるものを好まない、というへそ曲がり根性ではない。わたしと若冲の絵のあいだには、なぜか〈いのち〉が立ち現われないのだ。特にその理由を穿鑿したことはないが、どうも若冲の絵はわたしには派手すぎるのかもしれない。

京都といえば、金閣寺のようなピカピカ趣味が一方にあり、茶室のようなわび・さび趣味が他方にある。その二元構造が持つ振幅の劇しさのダイナミズムが、おもしろいわけである。世阿弥や千利休なんかは、その振幅が両極端にまできわまりつくしていたわけだ。だがわたしは、「奇想」（「反わび・さび」）の美が日本には実は豊富だったとして若冲などを評価した辻惟雄《つじのぶお》の言葉）だとか「金ピカ」だけが主張されてしまうと、げんなりするタイプだ。

三島由紀夫はいう。

私はこのごろいやにシブイ室内装飾を見るたびに、日本の中世以降の衰弱した趣味とアメリカの最尖端の趣味の衰弱とがうまく握手したような気がするのだが、一例が中世の金閣寺でも、今日焼亡後再建されて、みんなから悪趣味だといわれているあの「新らしい金色」の姿で、「美しい」と思われていたのである。日本人の美学は、金ピカ趣味を失ってから衰弱してきた、というのが私の考えである。従って、私の室内装飾は、金ピカ趣味一点張りになった。（「**わが室内装飾**」）

三島由紀夫が好きなわたしも、さすがに三島のこういう側面は、ついていけない。辻惟雄が「奇想」をあまりに強調するのにも、ついていけない。

しかし、若冲を毛嫌いしてもしかたあるまい。

——と、若冲をめぐってはいつも、ああだこうだと考えてしまう。それがよくないのだろう。だから偶発的な〈いのち〉が立ち現われないのだ。

まあ、先に進もう。

いよいよわたしたちの京都思想逍遥も、終わりに近づいている予感がする。

4 深草と道元

†深草の道元

京阪の伏見稲荷駅から本町通を南に歩いてみよう。この細い道は、伏見から奈良に続いている。十分ほど歩くと、京阪の深草駅である。ここから東に少し歩くと、宝塔寺がある。道元《どうげん》（一二〇〇～五三）が一二三三年に興聖寺《こうしょうじ》を建てて思索と座禅に邁進したのは、この地であったとされる（ただし正確な場所は不明）。彼が一二四四年に大仏寺、のちの永平寺に移るまえの拠点である。

道元は鎌倉時代の人物である。日本曹洞宗の開祖。

一二〇〇（正治二）年、京都の貴族の家（久我家）に生まれた。比叡山で修行し、一二一三（貞応二）年に南宋に渡る。曹洞宗禅師である天童如浄に師事し、印可を受ける。一二二八（安貞二）年に帰国する。京都・深草に興聖寺を開くが、比叡山からの弾圧を受け、一二四三（寛元元）年七月十七日、越前に移転する。その地の永平寺にて只管打坐《しかんたざ》の修行を続けるが、一二五三（建長五）年に病が重くなり、同年、京都にて没する。

道元の主著は『**正法眼蔵**《しょうぼうげんぞう》』である。七十五巻本に十二巻本、拾遺が加わる。『**正法眼蔵**』の冒頭の「**弁道話**《べんどうわ》」は道元が深草・安養院に閑居したときの作品で、その後、第一の「**現成公案**《げんじょうこうあん》」から第三十八の「**葛藤**」までは、深草・興聖寺で示衆されている（ただしなかには何編か、よそでの示衆がある）。いずれにせよ、このあたりが、道元のごつごつとした独創的な思索の噴出点である。

道元の思想は、日本哲学史においてももっとも難解なもののひとつといわれている。難解というよりはむしろ晦渋といったほうがよいほど、その文章は読みにくい。だが、彼の文の読みにくさは、哲学的な意味における戦略性にもとづいている。というのは、彼の考えでは、日本語あるいは中国語の正しい文法にのっとった正しい文章によっては、決して仏教の真理を伝えることはできないからである。したがって彼は、日本語としても漢文としても文法的に意味の通らない文章を故意に書いた。

†道元の「脱落」

仏道をならふといふは、自己をならふ也。自己をならふといふは、自己をわするるなり。自己をわするるといふは、万法に証せらるるなり。万法に証せらるるといふは、自己の身心および他己の身心をして脱落《とつらく》《だつらく》せしむるなり。(「現成公案」)

人口に膾炙したこの言葉について、わたしはかつて、次のように解釈した(『創造する東アジア』)。

「仏の道に近づこうとすることは、「自己」という概念に負荷された加速度=力を、修行を通して察知することである。それを、「自己をならう」という。この「自己をならう」ということは、同時に、自己の加速度性をかっこに入れて、加速度以前の自己を取り戻そうとすることである。それを、「自己を忘れる」という。この「自己を忘れる」というのは、世界の側から自己を光で包むようなものである。「ここ」にいる自分が光を照らして外部の真理を求めてはならない。この、森羅万象からの光で包まれるということは、「いま、ここ」にある自己の身心と、「いま、あそこ」にある他己の身心とから実体性を失わせ、究極の〈いま、よそ〉に脱け落ちることなのである」。

つまりここでは、〈いま、よそ〉こそが、悟りの境地だといっている。まことに道元こそ、わたしたちのこの京都逍遥の掉尾《ちょうび》を飾るにふさわしい。

京の「創造性臨界ライン」の北端にいた西田幾多郎は、「永遠のいま」という時でこそ、過去の全体と未来の全体が相互否定しつつ断続面としての「わたし」と「生命」を同時に瞬間的に立ち現わすと考えた。そして「創造性臨界ライン」の南端にいる道元は、自己の身心と他己の身心とが〈いま、よそ〉という有時《うじ》の場（すべてが時間であり同時に存在である場）において同時に同場に立ち現われると考えた。

わたしたちが京の日常を夢／うつつの同時生成の場だと考えて歩きはじめたこの逍遥は、西田と道元の哲学によって裏打ちされていたのであった。

はかなしと見る程もなしいなづまの光にさむるうたたねの夢　　藤原定家

逍遥の終わりに——美とニヒリズムの京都

いささか旧聞に属するが、二〇一五年にB・B・キングがこの世を去ったときに日本の某新聞に載った、ある追悼の文には失望した。日本で活躍する白人音楽評論家の手になるその短い文では、B・B・キングの音楽そのものに対するオマージュよりも、むしろ彼の音楽がいかに白人たちに多大な影響を与えたのか、ということがより熱心に説かれていた。白人の立場からすれば、それは重要だろう。B・B・キングがいかに偉大であるかを、端的に示す例なのだろう。いやむしろB・B・キングや黒人側からいっても、そのことは特筆すべきことなのかもしれぬ。

だが、なんともいえぬ違和感は消えない。

消えないまま、数日後の真昼、わたしは、初夏のまばゆい光りあふれる道を歩いていた。京都駅のすぐ近く、わたしの家からも遠くない、散歩道だ。

ふと大通りから脇道にはいる。たまに行く料理屋がある道だ。小さな空き地に面した路地の端っこに椅子を出して、年老いた女がひとり、すわっている。そのすわりかたでわたしには、この老婆のエスニックな出自がわかる。このあたりには、昼間、ひとりぽつねんと、あるいは三人か四人でかたまりになって、なにをするでもなく戸外の椅子やベンチにすわっている老婆が目につく。みんなどことなく似ている雰囲気なのだ。わたしがかつて八年間暮らした韓国の界隈で、毎日見ていた光景と同じである。

女性はぼんやりとすわっている。道行くひとを眺めていもしないようだ。ひと通りのない真昼の路地に、わたしだけが歩いている。白い夏支度の光線が、空から降っている。老婆はわたしの顔を一瞬見たが、小さな声で歌いつづける。歌というよりはつぶやきのような音声だ。

この音声は、だれのものか。

老婆だけのものではないだろう。なぜならわたしが聞いた。通りすがりのわたしがその声を聞いた。歌詞のようなものがあったのかどうかはわからない。聴き取れない。しかしその音階は、どこかで聞いたなつかしいもののようだった。

通りすがりのわたしが聞いて、そのことをここに書いたからといって、老婆の音声がわたしのために発せられたわけではない。わたしがたまたまその音声を聞かなくても、老婆の歌はこの路地に一瞬立ち現われたという理由だけで、意味がある。

このことを感じるために、わたしはまちを歩く。

まちを歩くと気づくことがある。ふと、なにかが立ち現われるのだ。思わず足を止める。思わず耳を澄ます。思わず目を凝らす。なにかがいま、わたしを通り過ぎた。なにかがいま、わたしを揺らした。なにかがいま、わたしとたしかに交わった。

だがそのなにかは、わたしがいなくても立ち現われたであろう。わたしが聞かなくても、わたしが見なくても、遠くの街路で点滅する電燈のように、立ち現われたろう。わたしとは関係ない。その立ち現われにわたしが気づいて、そのうつくしさやせつなさに驚いたりしなくても、それは充分に意味がある。そして立ち現われは一瞬にして消えてゆくのである。一瞬ののちには、なにもそこにはないのである。

＊

このような立ち現われをわたしがはじめて感じたのは、若い頃住んでいた韓国・ソウルにおいてだった。一三九四年に朝鮮王朝のみやことなったソウルは、六百年以上の歴史が堆積した古都だ。しかもそのうち三十五年間は、異民族である日本人によって支配された。複雑で重層的な歴史が、このみやこには息づいている。

ソウルは魂のひしめきあう街だった。対立と摩擦、激昂と憩い、矛盾と縫合——無数の魂が、燦爛と、累々と、渦巻きひしめきあいながら明滅していた。わたしはしらふで、あるいは透明な酒に酔いつぶれながら、その魂を感じるためにまちをさまよいまくった。そのことを、わたしは『**心で知る、韓国**』（岩波書店、二〇〇五）という本に書いた。

古都ソウルの風は、夢と憧れと死の香りがする。（中略）

そしてそこでわれわれを待っているのは〈深み〉である。六百年の歳月が根雪のように降り積もったソウルの歴史が、そこに〈深み〉としてぽっかりと口を開けて待っている。この〈深み〉から間欠泉のように噴き出してくるのは、その地にまつわるさまざまな魂の渦巻き、凝集した霊的な力なのである。（中略）

さて、古都ソウルには、儒教・仏教・道教・シャーマニズムの思想がこもごも堆積している。街の〈深み〉から突然、それらの思想の響きが聞こえ、それらの思想によって彫琢された多くの魂が卍巴《まんじどもえ》に入り乱れつつ立ち現れるさまは、まさにめくるめくほどなのだ。日本の古都や歴史ある地方都市でも、そういう魂の顕現を感じることがある。伝統の思想が生きているというのは、何とゆたかで幸福なことだろう。

これらの魂を探しに、〈聖なるソウル〉をめぐる私の旅は、始まる。できるだけ多くの場所に身をおいて、できるだけ多くの魂に出会ってみたい。それは優雅な王朝人の残映であるかもしれず、啾々《しゅうしゅう》たる鬼神の哭声かもしれず、また〈聖〉の対極の〈乱〉をきわめた俗界かもしれない。〈乱〉もきわまればまた、堂々たる〈聖〉であるから。

古都といえば、日本にもたくさんある。奈良、京都、鎌倉、東京――。わたしが住んでいるのは京都である。このまちを歩いているうちに、かつてソウルで感じた魂に、あちこちで遭遇するようになった。だがこの魂は、死者だけのものではない。人間だけのものでもない。むしろいまのわたしとしては、〈たましひ〉と表記するほうがしっくりくりする。〈たましひ〉とはなにか。それは、「逍遥のはじめに」でわたしが語ったことである。

＊

さきほど述べた、小さな声で歌う老婆は、京都駅から南に少しだけ下がった地域にいた。ここには、植民地時代に朝鮮半島からやってきたひとびとが数多く暮らしている。わたしはここを歩きながら、京都のなかの朝鮮の〈たましひ〉を、自分の身心にとりこむ。それはわたしにとって、祈りなのである（この祈りの考え方については「逍遥のはじめに」を参照のこと）。

かつてエリック・クラプトンというイギリスの白人青年が、B・B・キングのギターの

〈たましひ〉を稲妻のように自分の身心にとりいれたとき、その祈りの力は、とてつもなく大きかったのにちがいない。そしてまったくあたらしい音楽をクラプトンは創造した。しかしだからといって、Ｂ・Ｂ・キングの〈たましひ〉がクラプトンのためにあったわけではないだろう。そのような語りは、Ｂ・Ｂ・キングにもクラプトンにも、敬意を欠くと思われる。老婆の朝鮮風の低い口ずさみは、決してわたしの祈りのために発せられたのではない。

＊

祈りは美に通ずる。だが、美はイデアと関連しているのではない。つまり、永遠不変の実体を模したものが美なのではない。自己の身心において、できるだけ多数多様な他者・他物の〈たましひ〉を混淆させることが美である。〈たましひ〉の場では無数の知覚像がひしめき立ち現われながら闘争している。だから美はつねに乱調で、いびつで、さわがしいのだ。祈ることは乱雑さと交わること、乱雑さのただなかにただようことからはじまる。その乱雑さのなかから偶発的な〈いのち〉を立ち現わすことが祈りであり、そこに立ち現われたもの・ことが美である。

だが京都のようなまちには、卒倒するほど無数の〈たましひ〉がひしめきあっている。

歴史的に千二百年以上、ひとびとが住んでいただけではなく、この土地を舞台として無数の芸術作品や思想・文化が生まれてきた。だからこそ京都は、ざわめき乱れる美の宝庫なのである。

しかしひとは、この恒常的な美の〈いのち〉の奔放さに耐えられるだろうか。美の堆積の深淵に、耐えられるだろうか。

否。ひとりの人間の身心の包摂能力を超える美の〈いのち〉が、京都には跳梁跋扈している。だからここに住むふつうのひとびとは、できるだけそれに構わずに済むように、日常的な無関心の態度をみごとに身につけている。こちらの路地の男は、道ひとつはさんだ向こうの路地のことには、一切関心を示さない。そんなことにいちいち関心を示していたら、身心が持たないのだ。

美に疲れたら、ニヒリズムに沈潜する。このまちのニヒリズムとは、自己の身心に積もり積もった無数の知覚像を無にすることである。なにも禅寺にこもって座禅をしなくてもよい。奔騰する知覚像の乱れをしずめ、身心がなにも感じないようにする。他者の〈たましひ〉に絶対に接近しないようにする。これが、このまちに住むための、もうひとつの作法なのである。そしてニヒリズムに飽いたらまたいつでも、めくるめく乱反射する美の世界に戻っていけばよい。

こうして、わたしたちの京都逍遥は終わるのだし、またいつでも始まるのである。

謝辞

京都大学の二〇一八年度後期の授業（総合人間学部、大学院人間・環境学研究科）で、「悲哀する京都」をテーマに文献を読みながら、京都を逍遥した。本書の原稿は、この授業で学生に配布した教材がもとになっている。毎週木曜日に文献を読み、金曜日にそぞろ歩きをした。秋晴れの天の下、学生を連れて京都の路をぞろぞろと逍遥したのは、たのしいことだった。「歩きながら、京都の悲哀を追体験し、思索すること」というのが授業のテーマだったので、悲しい顔をしながら修行僧よろしく黙々と歩く二十数名の若者たちの行列は、はたから見ると異様な光景だったかもしれない。ともあれこの授業に参加してくれた学生諸君に感謝する。なお、この授業にかかる交通費や入館料・拝観料、資料収集などに関して、京都大学総長裁量経費からの支援を受けたことを付記する。

本書の叙述のなかには、以下の初出の文章が使用され、融けこんでいる。初出の際の編集担当者である紺谷延子氏（詩人尹東柱記念碑建立委員会）、鈴木哲法氏（京都新聞社）、渡部朝香氏（岩波書店）、菅野康晴氏（新潮社）に感謝する。

「尹東柱とは誰か」、『セッピョル（明けの明星）第五集』詩人尹東柱記念碑建立委員会、二〇一三年六月

「毎日が曲芸大会」、『京都新聞』夕刊「現代のことば」二〇一三年十一月八日

「言の葉の飛び交う」、『京都新聞』夕刊「現代のことば」二〇一六年五月十日

「悲哀する京都」、『京都新聞』夕刊「現代のことば」二〇一八年三月八日

「夢とうつつに生きる」、『京都新聞』夕刊「現代のことば」二〇一八年十一月一日

「歴史を破砕して歩く」、『京都新聞』夕刊「現代のことば」二〇一八年十二月二十日

「京都、美とニヒリズムの路地」、『図書』第八〇七号、岩波書店、二〇一六年五月

「『李朝を巡る心』を讀んで」、『工芸青花』六号、青花の会／新潮社、二〇一六年九月

また、二〇一八年九月に鈴木大拙ゆかりの松ヶ岡文庫（北鎌倉）で講演をした際の話の一部分も、序章に入れこんである。松ヶ岡文庫の伴勝代氏に感謝する。大拙の「日本的霊性」論に対するわたしなりのつたない回答が本書だ、というのが、わたしの考えである。

最後に、毎回すばらしい手際で本をつくってくださる担当編集者の松田健氏（筑摩書

房）と、この原稿にぴったりのうつくしい書体で印刷してくださった精興社に感謝する。

ちくま新書
1388

京都思想逍遥《きょうとしそうしょうよう》
二〇一九年二月一〇日　第一刷発行

著者　小倉紀蔵（おぐら・きぞう）
発行者　喜入冬子
発行所　株式会社 筑摩書房
東京都台東区蔵前二-五-三　郵便番号一一一-八七五五
電話番号〇三-五六八七-二六〇一（代表）
装幀者　間村俊一
印刷・製本　株式会社 精興社

ISBN978-4-480-07208-5 C0210

ちくま新書

866 日本語の哲学へ　長谷川三千子

言葉は、哲学の中身を方向づける働きを持っている。和辻哲郎の問いを糸口にパルメニデス、デカルト、ハイデッガーなどを参照し、「日本語の哲学」の可能性をさぐる。

764 日本人はなぜ「さようなら」と別れるのか　竹内整一

一般に、世界の別れ言葉は「神の身許によくあれかし」、「また会いましょう」、「お元気で」の三つだが、日本人にだけ「さようなら」がある。その精神史を探究する。

946 日本思想史新論 ——プラグマティズムからナショナリズムへ　中野剛志

日本には秘められた実学の系譜があった。『TPP亡国論』で話題の著者が、伊藤仁斎、荻生徂徠、会沢正志斎、福沢諭吉の思想に、日本の危機を克服する戦略を探る。

791 日本の深層文化　森浩一

稲と並ぶ隠れた主要穀物の「粟」。田とは異なる豊かさを提供してくれる各地の「野」。大きな魚としてのクジラ。——史料と遺跡で日本文化の豊穣な世界を探る。

1247 建築から見た日本古代史　武澤秀一

飛鳥寺、四天王寺、伊勢神宮などの古代建築群を手がかりに日本誕生に至る古代史を一望する。仏教公伝、皇祖神創造、生前退位は如何に三次元的に表現されたのか？

1300 古代史講義 ——邪馬台国から平安時代まで　佐藤信編

古代史研究の最新成果と動向を一般読者にわかりやすく伝えるべく15人の専門家の知を結集。列島史の全体像が1冊でつかめる最良の入門書。参考文献ガイドも充実。

1378 中世史講義 ——院政期から戦国時代まで　高橋典幸・五味文彦編

日本史の先端研究者の知を結集。政治・経済・外交・社会・文化など十五の重要ポイントを押さえるかたちで中世史を俯瞰する。最新の論点が理解できる、待望の通史。

ちくま新書

1034 大坂の非人 ――乞食・四天王寺・転びキリシタン　塚田孝

「非人」の実態は、江戸時代の身分制だけでは捉えられない。町奉行所の御用を担っていたことなど意外な事実を明らかにし、近世身分制の常識を問い直す一冊。

1294 大坂　民衆の近世史 ――老いと病・生業・下層社会　塚田孝

江戸時代に大坂の庶民に与えられた「褒賞」の記録を読みとくと、今は忘れられた市井の人々のドラマが見えてくる。大坂の町と庶民の暮らしがよくわかる一冊。

1359 大坂城全史 ――歴史と構造の謎を解く　中村博司

豊臣秀吉、徳川家康・秀忠など、長きにわたり権力者たちの興亡の舞台となった大坂城を、最新の研究成果に基づき読み解く、通説を刷新する決定版通史！

1244 江戸東京の聖地を歩く　岡本亮輔

歴史と文化が物語を積み重ね、聖地を次々に生み出してきた江戸東京。神社仏閣から慰霊碑、墓、塔、スカイツリーまで、気鋭の宗教学者が聖地を自在に訪ね歩く。

1379 都市空間の明治維新 ――江戸から東京への大転換　松山恵

江戸が東京になったとき、どのような変化が起こったのか？　皇居改造、煉瓦街計画、武家地の転用など空間の変容を考察し、その町に暮らした人々の痕跡をたどる。

1273 誰も知らない熊野の遺産〈カラー新書〉　栂嶺レイ

世界遺産として有名になったが、熊野にはまだ手つかずの風景が残されている。失われつつある日本の、日本人の原型を探しにいこう。カラー写真満載の一冊。

1178 銅像歴史散歩〈カラー新書〉　墨威宏

歴史的人物や偉人の像、アニメのキャラクター像など日本全国の銅像を訪ね歩き、カラー写真と共に、豊富なエピソードや現地の情報を盛り込んで紹介する楽しい一冊。

ちくま新書

1284
空海に学ぶ仏教入門
吉村均

空海の教えにこそ、伝統仏教の教義の核心が凝縮されている。弘法大師が説く、苦しみから解放される心のあり方「十住心」に、真の仏教の教えを学ぶ画期的入門書。

1370
チベット仏教入門
――自分を愛することから始める心の訓練
吉村均

生と死の教えが世界的に注目されているチベットの仏教。その正統的な教えを解説した初めての入門書。基礎的な知識から学び方、実践法までをやさしく説き明かす。

1296
ブッダたちの仏教
並川孝儀

仏教は多様な展開を含む複雑な宗教である。歴史上のブッダへ実証的にアプローチし、「仏」と「法」という二つの極から仏教をとらえなおすダイナミックな論考。

1326
仏教論争
――「縁起」から本質を問う
宮崎哲弥

和辻哲郎や三枝充悳など、名だたる知識人、仏教学者が繰り広げた、縁起をめぐる戦前・戦後の論争。犀利な分析を通して、その根本を浮かび上がらせた渾身作！

1145
ほんとうの法華経
橋爪大三郎
植木雅俊

仏教最高の教典・法華経が、サンスクリット原典から全面改訳された。植木雅俊によるその画期的な翻訳の秘密に橋爪大三郎が迫り、ブッダ本来の教えを解き明かす。

1201
入門　近代仏教思想
碧海寿広

近代日本の思想は、西洋哲学と仏教の出会いの中に生まれた。井上円了、清沢満之、近角常観、暁烏敏、倉田百三らの思考を掘り起こし、その深く広い影響を解明する。

1330
神道入門
――民俗伝承学から日本文化を読む
新谷尚紀

神道とは何か。古代の神祇祭祀に仏教・陰陽道・道教など多様な霊験信仰を混淆しつつ、国家神道を経て今日の形に至るまで。その中核をなす伝承文化と変遷を解く。

ちくま新書

895
伊勢神宮の謎を解く
――アマテラスと天皇の「発明」
武澤秀一
伊勢神宮をめぐる最大の謎は、誕生にいたる壮大なプロセスにある。そこにはなぜ、二つの御神体が共存するのか？神社の起源にまで立ち返りあざやかに解き明かす。

601
法隆寺の謎を解く
武澤秀一
世界最古の木造建築物として有名な法隆寺は、創建・再建の動機を始め多くの謎に包まれている。その構造から古代史を読みとく、空間の出来事による「日本」発見。

734
寺社勢力の中世
――無縁・有縁・移民
伊藤正敏
最先端の技術、軍事力、経済力を持ちながら、同時に、国家の論理、有縁の絆を断ち切る中世の「無縁」所。第一次史料を駆使し、中世日本を生々しく再現する。

1161
皇室一五〇年史
浅見雅男
岩井克己
歴代天皇を悩ませていたのは何だったのか。皇位継承、宮家消滅、結婚トラブル、財政問題――様々な確執やスキャンダルを交え、近現代の皇室の真の姿を描き出す。

1224
皇族と天皇
浅見雅男
日本の歴史の中でも特異な存在だった明治以降の皇族。彼らはいかなる事件を引き起こし、天皇を悩ませてきたか。近現代の皇族と天皇の歩みを解明する通史決定版。

1271
天皇の戦争宝庫
――知られざる皇居の靖国「御府」
井上亮
御府と呼ばれた五つの施設は「皇居の靖国」といえる。しかし、戦後その存在は封印されてしまった。皇居に残された最後の禁忌を描き出す歴史ルポルタージュ。

957
宮中からみる日本近代史
茶谷誠一
戦前の「宮中」は国家の運営について大きな力を持っていた。各国家機関の思惑から織りなされる政策決定を見直し、大日本帝国のシステムと軌跡を明快に示す。

ちくま新書

1318 明治史講義【テーマ篇】 小林和幸編
信頼できる研究を積み重ねる実証史家の知を結集。20のテーマで明治史研究の論点を整理し、変革と跳躍の時代を最新の観点から描き直す。まったく新しい近代史入門。

1319 明治史講義【人物篇】 筒井清忠編
西郷・大久保から乃木希典まで明治史のキーパーソン22人を、気鋭の専門研究者が最新の知見をもとに徹底分析。確かな実証に基づく、信頼できる人物評伝集の決定版。

1136 昭和史講義——最新研究で見る戦争への道 筒井清忠編
なぜ昭和の日本は戦争へと向かったのか。複雑きわまる戦前期を正確に理解すべく、俗説を排して信頼できる史料に依拠。第一線の歴史家たちによる最新の研究成果。

1194 昭和史講義2——専門研究者が見る戦争への道 筒井清忠編
なぜ戦前の日本は破綻への道を歩んだのか。その原因をより深く究明すべく、二十名の研究者が最新研究の成果を結集する。好評を博した昭和史講義シリーズ第二弾。

1266 昭和史講義3——リーダーを通して見る戦争への道 筒井清忠編
昭和のリーダーたちの決断はなぜ戦争へと結びついたのか。近衛文麿、東条英機ら政治家・軍人のキーパーソン15名の生い立ちと行動を、最新研究によって跡づける。

1341 昭和史講義【軍人篇】 筒井清忠編
戦争の責任は誰にあるのか。東条英機、石原莞爾、山本五十六ら、戦争を指導した帝国陸海軍の軍人たちの実像を最新研究をもとに描きなおし、その功罪を検証する。

1357 帝国化する日本——明治の教育スキャンダル 長山靖生
明治初頭の合理主義はどこで精神主義に転換し、妄想的な愛国主義へ転化したのか。哲学館事件などの教育スキャンダルから、帝国神話形成のメカニズムを解明する。

832
わかりやすいはわかりにくい？
――臨床哲学講座
鷲田清一
人はなぜわかりやすい論理に流され、思い通りにゆかず苛立つのか――常識とは異なる角度から哲学的に物事を見る方法をレッスンし、自らの言葉で考える力を養う。

666
高校生のための哲学入門
長谷川宏
どんなふうにして私たちの社会はここまできたのか。「知」の在り処はどこか。ヘーゲルの翻訳で知られる著者が、自身の思考の軌跡を踏まえて書き下ろす待望の書。

545
哲学思考トレーニング
伊勢田哲治
哲学って素人には役立たず？　否、そこは使える知のツールの宝庫。屁理屈や権威にだまされず、筋の通った思考を自分の頭で一段ずつ積み上げてゆく技法を完全伝授！

482
哲学マップ
貫成人
難解かつ広大な「哲学」の世界に踏み込むにはどうしても地図が必要だ。各思想のエッセンスと思想間のつながりを押さえて古今東西の思索を鮮やかに一望する。

1060
哲学入門
戸田山和久
言葉の意味とは何か。私たちは自由意志をもつのか。人生に意味はあるか……こうした哲学の中心問題を科学が明らかにした世界像の中で考え抜く、常識破りの入門書。

1183
現代思想史入門
船木亨
ポストモダン思想は、何を問題にしてきたのか。生命、精神、歴史、情報、暴力の五つの層で現代思想をとらえなおし、混迷する時代の思想的課題を浮き彫りにする。

1334
現代思想講義
――人間の終焉と近未来社会のゆくえ
船木亨
自由な個人から群れ社会へ。その転換を6つの領域――人間・国家・意識・政治・道徳・思考――で考察。ＡＩ化やポピュリズムで揺れ動く人類文明の行く末を探る。